2万8105回以上のありがとう

知多信用金庫 元理事長
榊原 康弘

中経マイウェイ新書 060

序章

人は人で磨かれる

知多半島沖の篠島に「歌碑公園」という景勝地がある。小高い丘から臨む紺《こん》碧《ぺき》の水平線の向こうには、眩《まばゆ》い空と絶海の孤島のごとく神島が浮かんでいる。「知多半島で素敵な景色は」と尋ねられたら、一番にここをお勧めしたい。美しい空と海のコントラストは、知多信用金庫のコーポレートカラーでもある。

長年、信用金庫で働き続けてきた。顧問時代を含めると足かけ50年余り。創業95周年の金庫で勤続年数最長となってしまった。半世紀にわたり、地域金融機関の立ち位置から知多半島を眺めてきたことになる。

知多は「半島」という狭隘《きょうあい》な地ながら、10市町に10の色がある。支店勤務のとき、新たな地に赴任するとそのまちを隅々まで歩き回った。歩くほどに人に出会い、一言のあいさつから会話が生まれる。人を知ることで、ぼんやりしていた地域の輪郭も少しずつ明確になる。私たちの仕事は、その地の人を知り、地域に近付く努力を怠らず、いかに深々と根を下ろせるかにかかっているだろう。

言い換えれば地域金融機関は「農耕民族」のような存在だ。地域の五穀豊穣を願って共に田畑を耕すことで、最後にその恵みにあずかれる。

この原稿を書き始めようとしたときにはすでに金庫の役職から退き、半田商工会議所の会頭も退任が決まっていた。事実上、代表者ではない。ゆえに原稿を書くことも逡巡《しゅんじゅん》した。

だが、この立ち位置であるがゆえの局面にいくたびも遭遇した。ときに覚悟に勝る決断も必要だった。数々の貴重な経験を私の中だけで完結させてよいものか。齢を重ねるごとに、後世に伝えたい思いがむしろ膨らんできている。

人生には出会いがあり、人は人によって磨かれていくものだ。数多の巡り合わせと切磋琢磨《せっさたくま》から、こうやって筆をとる機会も得た。一期一会を大切にしたい。

かつて伊勢湾台風が嘗《な》め尽くした故郷の町の上には、底が抜けてしまったかのような澄み切った空が広がっていた。思い返せば、幼心に天国と地獄の境目を見たような気がした。

あれから60年。いよいよもって変化の波は激しさを増した。これからの時代、地域金融機関といえども真に地域に役立つことができなければ存続の意義はない。私自身、公から退いても一人の住民として地域の一助にはなれる。生ある限り、地域貢献に定年はない。

拙筆ではあるが思うところをつづりたい。

筆者近影

目次

第三章　人生の師、髙橋理事長のもとで

第四章　紆余曲折のサラリーマン理事長がしたこと

第五章　本部建て替えを済ませ半田商工会議所会頭に

第六章　これからのわが地域「知多」を想う

第一章　生い立ちから知多信用金庫に入るまで

昭和22年2月2日成岩の生まれは、いつも2番手

私は1947（昭和22）年2月、成岩《ならわ》町（現在の半田市成岩東町周辺）に生まれた。ちょうど「昭和22年2月2日」と、2がきれいに並ぶ。生前、母のまつゑに尋ねると「午前2時2分に生まれたのよ」と調子よく話を合わせてきた。きっとここは真実と異なるのだろう。

父の桂次郎は国産タバコや塩を専売する日本専売公社（現在の日本たばこ産業）に勤め、母は家業の農業を手伝っていた。兄弟は兄が2人、姉が1人。ごくありふれた一般家庭だった。

公務員気質の父は厳格で怖かったが、母は私たち兄弟に自由を満喫させてくれた。卓球に心を奪われた長兄の和之は高校卒業とともに半田市役所へ就職したものの、夢をかなえるため働きながら勉強して愛知大学へ入学した。卒業後

は教師の傍ら、卓球の指導者として中国へも赴く。日中友好の一端を担った。

次兄の正道は絵を描くことが好き。川崎製鉄（現在のＪＦＥスチール）の知多製造所（半田市）に勤めながら「日展」に挑戦を続けた。今も創作活動を継続し、個展に顔を出さないと叱られることもある。長女の初美は、当時まだ珍しかった名古屋市内の女学校に通いながら母をよく助けていた。

私はといえば４人兄弟の末っ子。甘えん坊だった私は母から「本当は女の子がほしかったのよね」とからかわれたものだ。

成岩小学校では勉強にあまり身が入らなかったが、足の速さだけは人並み以上だった。いわゆる運動会では目立つ子ども。いつも賞品のノートや鉛筆をもらっていた。ただ花形の「徒競走」は万年２等賞。ゴールのテープを一度も切れたことがない。先頭でゴールに飛び込み歓声を浴びたい。思い詰めた私は運動会の前夜、母に相談した。すると「それなら足にキンカンでも塗ってみたら」

と笑いながら教えてくれた。

キンカンは虫刺されなどに用いるおなじみの液体外用薬だ。母の冗談半分の助言を真に受けた私は運動会当日、学校にキンカンを持参した。スタート直前、足のふくらはぎやすねにたっぷり塗り込み、がむしゃらに走り出す。いつもよりなんとなく足が軽い気がする。

夢中でゴールに飛び込み、順位を確認した。やっぱりいつもの2番手だった。

知多信用金庫は、私が生まれ育った旧成岩町の「在郷軍人会成岩分会」から信用組合を経て現在の信用金庫へと発展した。初代理事長の榊原清三氏も成岩の出だ。成岩には早くから銀行の出張所はあったものの、私たち庶民には敷居が高かった。しかし信用金庫は、地域の人々から必要とされるべき存在として誕生している。戦後の過渡期を生きた人間の一人として、この事実は改めて自信をもって伝えておきたい。

父の桂次郎、母のまつゑ、次兄の正道と一緒に
（筆者前列右、成岩小学校５年生のころ）

昭和20年代の半田は半自給自足。子供は誰もが遊びの天才

私が少年時代を過ごした昭和20年代の半田は、まだ戦後の混乱と復興が混在していた。購買統制が撤廃されたものの、どこの家庭も糊口をしのぐのに精いっぱい。公務員の父と家業の農業を手伝っていた母が、毎日の生活を懸命にやりくりしていた。苦労する後ろ姿は今でも脳裏に焼き付いている。

自宅の庭ではヤギやニワトリなどを飼っていた。ヤギというと驚かれるかもしれないが、半ば自給自足の当時、大型の家畜を飼うことは珍しくない。ひなびた動物園のような小さな庭は、私たち兄弟の格好の遊び場にもなった。

乳搾りが毎朝の日課だったが、朝食に出されるヤギの乳がどうにも好きになれなかった。ヤギには申し訳ないが、牛乳のようなコクやまろやかさがまるで

感じられない。戦後の学校給食にも出されていた「脱脂粉乳」のように味気なかった。口に運ぶと戻しそうになる。顔をしかめながら、ときに鼻をつまみながら無理やり飲み込んだ。

主菜は、麦ばかりの麦ごはん。毎食ありつけるだけましだろうが、子ども心に辟易《へきえき》していた。あるお祝い事で親族が集まったとき、夕食に鶏肉料理が並んだ。ごちそうだが、なぜか箸がつけられない。翌朝、かわいがっていたニワトリの1羽がいなくなった事実を知る。以来、肉類に抵抗を覚え、給食の時間にも困ってしまった。幼少期のこの体験が一種のトラウマとなり、その後の長い人生における食の楽しみをずいぶんと狭めてしまった。

最大の娯楽は、ご多分に漏れず始まったばかりのテレビ放送。もちろん家にテレビはない。近所の岩春（株式会社岩春）さんの事務所にあった白黒テレビを見せてもらうため、兄弟や友人で押しかけた。毎週楽しみにしていたのは

「紅孔雀」。戦国時代、那智の小四郎が秘宝の謎解きのため海賊と戦う連続ドラマだ。小四郎の大立ち回りに夢中になった。

生涯の供として楽しむ釣りを覚えたのもこのころ。ただし道具を買う小遣いはない。どこにでも自生していた竹を細工し、廃材や古道具なども活用した。野球のグローブやバットなど遊び道具も大半が手作りだ。

何かやりたくてうずうずしている。でも何にもない。だからこそルールも自分たちで決めて遊んだ。創意工夫の毎日。みんな遊びの天才・達人だった。

同級生には吉川英治文学新人賞を受賞した歴史小説家の澤田ふじ子さんもいた。娘の澤田瞳子さんも直木賞作家となり、親子での活躍はうれしいばかりだ。

昭和20年代の半田は、後にお世話になる知多信用金庫が、信用金庫としての産声をあげ、地域の発展とともに急成長した時代だ。幼い私にはまち全体が活気にあふれ、いつもきらきらと輝いて見えた。

成岩小学校の同級生らと(筆者後列右端)

心に刻み込まれた伊勢湾台風の爪痕

半田市は「榊原」の名字が多い。愛知県は「榊原」が全国一。中でも半田市が突出している。1959（昭和34）年、半田市立成岩中学校に進学した。戦後のベビーブームで1クラス50人以上、全9クラスの大所帯だった。そのうちクラスの3分の1は榊原。先生も榊原さんだったりする。あまりに紛らわしいので、クラスメートも先生も自然に名前かあだ名で呼び合った。私はよく「バラ」と呼ばれていた。ただし私の場合は榊ではなく旧字体の榊となる。

半島全体が騒々しかった。半田市と西三河地方を結ぶ海上橋「衣浦大橋」が開通し、半田や武豊など8港を統合した衣浦港が誕生。現在の東海市に東海製鉄（現在の日本製鉄名古屋製鉄所）が設立されるなど開発は急ピッチ。熱気をはらんだほこりっぽい空気の中、どことなく気色ばんでいるかのようだった。

「妙に雲の動きが速い」。いつもと違う空の様子に、ただならぬ胸騒ぎを感じていた。9月26日午後6時過ぎ、台風15号（伊勢湾台風）が紀伊半島南端の潮岬に上陸した。北北西に進むと半田も暴風圏に突入した。

最大瞬間風速は60メートル。古びた木造住宅の居間に家族6人が身を寄せ合い、ろうそくの明かりを頼りに台風が通り過ぎるのを待つ。部屋の中にいても、建物ごと吹き飛ばされそうな緊張感。午後9時前後だったろうか。獣のうなり声のような異様な風の音。縁の下から吹き込んだ風が畳を持ち上げ、雨戸が外れんばかりにしなり始めた。

「雨戸が飛ばされるぞ」。父が叫ぶ。私たち兄弟はとっさに雨戸に飛びつく。恐怖で震える手足で懸命に雨戸を押さえ続けた。

一睡もできず夜が明けた。静かになった雨戸を恐る恐る開けて表に出る。そこには昨日までとはまったく違う壊滅的な光景が広がっていた。台風のピークが満潮時という不運も重なり市内の3割が浸水し、9500世帯以上が被災。291人の尊い命が奪われた。流出した丸太やがれきなどで埋め尽くされた市街地。救助活動に走り回る大人たち。倒壊した家屋のがれきの間からは遺体の一部らしきものが見え、思わず目をそむけた。

自宅は高台だったため、浸水被害や倒壊も免れた。身内や友人に犠牲者も出なかった。しかしそれは、たまたま偶然だったにすぎない。たった一晩で故郷の半田を無残に破壊し、あまりに多くの命を奪った自然災害の爪痕は、思春期の心に深く刻み込まれてしまった。

当然、知多信用金庫の取引先にも甚大な被害をもたらした。当時の榊原清三理事長自らが先頭に立ち、役職員が昼夜を問わず復旧活動にあたったという。倒壊・流出した家屋の再建費用の貸し出しは無論、被災事業者の転業支援など長期にわたり復興を下支えした。

がれきで埋め尽くされた半田市街
（東洋町３丁目付近、半田市博物館提供）

百握りの手相を生かせないか。可能性を求め進学を選択

私の手相は、両手とも感情線と知能線が一体化して手の平を横切る「百握り」だ。珍しいらしいが、両手はさらに希少。かの徳川家康が両百握りだったと聞く。強運・大物の手相の印象だが、小物の私は成岩中学校でも〝悪友〟らと遊びほうけて時間を無駄遣いした。

釣りに興じ、映画館にも通った。2年の担任は「ゴジラ」こと竹内忠雄先生。よりによって兄の担任でもあった。ことあるたびに兄弟で比較される。私は劣等感たっぷりにふてくされては、強敵ゴジラにささやかな抵抗を示した。

中3になっても進路は定まらない。見かねた母から「高校だけは行きなさいね」とたしなめられ、入学願書はひとまず叔父が教員を務めていた愛知県立常滑高等学校に出した。

進学はかなったものの案の定、勉強は手につかない。それではと、クラブ活動はかねてから憧れていたバスケットボール部に入った。3年後に東京五輪を控え、世の中はスポーツで盛り上がっている。しかし待ち受けていたのは地獄の練習の日々だった。

そもそもバスケットボールは、身長160センチの小柄な私には不利な競技。大型選手の華麗なるダンクシュートなどは夢のまた夢だ。ドリブルやパスの正確さを武器にするため、足腰が立たなくなるほど走り込んだ。汗で濡れた体育館の床に倒れこむ。響き渡る先輩の怒声に、木とワックスと汗のまじりあった匂い。はいつくばりながら体育館の高い天井を見上げると、理想の自分の姿のようにはるかに遠く感じた。

ただ試合に臨むたび、徐々にではあるが成績を残せるようにはなってきた。

高校3年生の10月、ついに東京五輪が開幕した。日本人選出が出場する競技のテレビ中継の際は、職員室が開放され、生徒と教員が一丸となり日本選手を応援した。

進路を決める時期もいつの間にか迫っていた。ただ卒業後は就職するつもりだった。これ以上、家計に負担をかけたくない。長兄も長女も進学し、すでにわが家に経済的な余力はなかったはずだ。すると再び母から予想外の一言が。

「康弘も大学へ行きなさい。お金のことは心配しなくてもいいから」

いささか戸惑った。かつて母は幼い私を占い師の元に連れていき、希少な「両百握り」の持ち主であることを教えてくれた。少なからず私に何らかの可能性をかけてくれたのもかもしれない。

せっかく大学に行かせてもらえるということであれば、いま一度人生について探求してみたいという思いがあらためて沸き上がった。人生とは何だろう、世の中とは。中学、高校と自発的な目標を持てず刹那的に生きてしまった。今度は自分と真正面から向き合いたい。専門課程の法律はもちろん、宗教についても学べそうな愛知学院大学への進学を決めた。

体育祭の二人三脚で激走する

北海道の旅で、アイヌ民族の苦境に衝撃をうける

進学先の愛知学院大学は当時、県内で唯一の歯学部を抱えていた。名古屋市千種区の大学キャンパス学生用駐車場には、最新のスポーツカーがずらりと並ぶ。トレンディードラマか映画の世界のようだ。横目で見ながら名鉄と地下鉄を乗り継ぎ半田から通った。地元有力企業の跡継ぎなど裕福な家庭の子弟が多いと聞いたが、学風は案外堅実だった。入学オリエンテーションは永平寺で座禅を組む修行で、初めて瞑《めい》想を体験した。

法学部に半田から通勤する講師がいた。私と同じ榊原さん。弁護士でもあった。時折、同じ名鉄電車に乗って大学まで通う。車中では法律にとどまらず社会のさまざまな仕組みを教えてくれる。マンツーマン講義に充実した時間を過ごした。

ゼミは刑法を選択し、榊原先生が受け持つ「担保物件論」も履修した。しかしこれがかなりの難解。先生の一番弟子と勝手に自認していた私は当然、単位をいただけるものと思い込んでいた。にこやかにほほ笑む榊原先生は、法曹らしくあくまでも清廉・公平だった。

家計の足しにアルバイトにも力を入れた。一日の講義終了後、名鉄の新名古屋駅に隣接する百貨店に出勤し、営業終了後のショーウインドーに潜り込んで改装作業を手伝った。翌日はJR名古屋駅で貨物の荷下ろし、翌々日はJR半田駅前の和食店で皿洗いに家庭教師と、日替わりで複数の仕事を掛け持ち。さまざまな世界を垣間見ることができた。

3年の夏、学生最後の記念にと、せっせとためたアルバイト代を元手に親友2人と北海道横断の旅に出た。現在のように空路でひとっ飛びというわけにはいかない。名古屋から青森まで国鉄（JR）の夜行列車で移動し、青森港からは青函連絡船で函館を目指した。

旅費を抑えるため船底で雑魚寝。船酔いに大いに悩まされた。北海道が見えるという船内アナウンスでデッキに上がると、荒れ狂う白波の向こうに小さく北の大地が。ふらふらになりながらも思わず3人で抱き合った。

1カ月間をかけ、鉄道やバスで道内を回った。脳裏に焼き付いているのが、釧路市阿寒町のアイヌ民族の集落「阿寒湖アイヌコタン」。私自身も決して裕福な家庭で育ってきたわけではないが、貧しい暮らしぶりには言葉を失った。

アイヌ民族の苦境は明治時代、北海道開拓により祖先の土地から追われたことにさかのぼる。国の同化政策の弊害で構造的な差別と貧困に陥り、地域に深刻な禍根を残した。

差別の問題は残念ながら全国に存在する。ただ、私が地元で意識することはあまりなかった。それは幸せな環境だったのだろう。やはり世の中は広い。現実を目の当たりにした私にとって衝撃以外の何物でもなかった。
1カ月にわたる北海道の旅を終えると、いよいよ実社会への入り口が待ち構えていた。

釧路市阿寒町のアイヌ民族の集落
「阿寒湖アイヌコタン」で(筆者後列左端)

就職は両親が勧める安定した地元信用金庫となる

大学生活も4年目を迎え、就職を現実的のものとして捉える時期が来た。特段こだわりはなかったが可能であれば知名度の高い安定した企業にお世話になりたい気持ちはあった。

我が家は父が日本専売公社に勤め、長兄は教員という公務員一家。私も役所や銀行などお堅い職場が向いているのではないか。両親の意向も私を支配していたと思う。それでもまさか、金融機関で半世紀にわたって働くことになるとは夢にも思わなかったのだが。

ある日、父が「知多信用金庫はどうだ」と唐突に切り出した。家には定期的に同金庫の渉外係が集金に訪れていた。両親も彼らに親近感を持っている。父は「銀行なら手堅い。なかなか入れんぞ」と畳みかけた。父は当時、同金庫の理事を務めていた澤田長治さんと懇意にしていた。入庫の際に必要な保証人も確保できそうだった。あまり深く考えずにとりあえず採用試験に臨んだ。

面接でどんなやりとりをしたのか、今となってはほぼ覚えていない。せいぜい意思確認ぐらいだったのだろう。とくに手応えらしいものもなかったと記憶している。翌日連絡があり、意図せずすんなり合格してしまった。ひとえに父と澤田理事の関係のおかげだろう。

両親に報告すると、母は地元の安定した職場で働けることに躍り上がって喜んだ。一方で父は相変わらず険しい顔つきを崩さない。低い声で「入ったら辞められんぞ。澤田理事に迷惑をかけるな」と念を押される。社会人としての自覚を強く求められた。振り返ると就職前の私は、入庫後に具体的にどのような働き方をするのか、きちんと考えたこともなかった。それどころか信用金庫の業務内容すらよく分かっていなかった。

今、当金庫を希望する学生は念入りに準備して採用試験を受けに来る。当時の私に比べて雲泥の差。前向きな姿勢には敬服する。

ただ経営者の立場でいえば型にとらわれず、多様な人材に巡り会いたいという欲はある。信用金庫にはさまざまな役割があり、取引先にはありとあらゆる業種・業態の人たちが待っている。業務に、顧客に真正面から向き合うことで、社会の多様性の醍醐味《だいごみ》を体感できるのも信用金庫の仕事の魅力だろう。

人に可能性を見出し、信用金庫の未来の担い手として育て上げられるかどうかは、経営陣の才覚や力量にかかっている。言葉を換えれば、それだけ私たちを取り巻く世の中は大きな変化の過渡期にあり、経営のかじ取りが難しくなっているということだ。

変化に強くなるためには多様な人材が必要だ。当金庫は財務局や証券、大手企業、弁護士や新聞記者などさまざまな業界から人を受け入れてきた。今後は介護士や保育士、ダンスがプロ並みなど自分の世界を持っている人もいいだろう。銀行業務だけの時代は終わっている。

自宅でくつろぐ筆者

第二章　走り回る若き信金マンの日々

深夜に至る激務の毎日。
タガが外れて旦那衆とどんちゃん騒ぎ

私が入庫した1969（昭和44）年は、まだ支店が10カ所あるかどうかのこぢんまりとした信用金庫だった。

配属先は、名鉄知多半田駅東に位置する駅前支店。当時はこの駅前と亀崎支店が、理事が支店長を務める中核店舗として経営を支えていた。

駅前支店の渉外係として社会人生活が幕を開けた。なにぶんにも入庫前まで店のシャッターが下りる午後3時には、みんな仲良く帰れるというイメージしか持っていなかったのだが、当然、シャッターが下りても仕事は終わらなかった。

閉店後、何回数えてもその日の勘定が合わない。すべて手集計。一枚一枚の伝票を「カルタ」のように突き合わせて照合した。すると必ず合わないものが出てくる。総力を挙げ、深夜まで間違い探しに明け暮れた。

集金も世帯主が帰宅する夜間に訪問した。おのずと退社時間は遅くなり、深夜帰宅はざら。午後3時どころの話ではない。毎日午前さまの私に、父親がついに切れた。「毎日毎日3時過ぎに、どこほっつき歩いとるだ!」

当時の駅周辺は、旦那衆の遊び場が多かった。酒や酢などの醸造業でばく大な富を築いた半田の栄華の名残ともいえる。「置き屋」などを集金で訪れると、芸者さんらしき女性が丁寧に応対してくれた。いかにも風呂上がりと思われる艶やかな姿に私は赤面し、目のやり場に困った。

芸者さんは「金毘羅船舟」などの遊び歌も教えてくれた。厳しい芸の世界に生きる芸者さんも、駆け出しの私をからかうのが楽しかったのかもしれない。

仕事に慣れてくると融資担当も任された。支店長に同伴し、織布屋の宴席にも呼ばれるようになった。

織布は金庫の主要取引先だった。「ガチャマン」と呼ばれる好景気の時代。宴席には蝶ネクタイを締めた旦那衆が集った。膝も崩さず末席に鎮座している私に支店長から「今日は無礼講だ」と声が掛かる。調子に乗りタガの外れた私は、旦那衆と一緒に「飲むわ歌うわ」のどんちゃん騒ぎに興じてしまう。翌朝、支店長室に呼び出され「わきまえろ」と怒られた。

私は公務員一家に生まれ育った。仕事は定時に終了するのが家族の常識だった。対極的な働き方を求められる職場環境に戸惑いがなかったといえばうそになる。その大変さを乗り越えられたのは、ひとえに職場の同僚がいたからこそと思う。一緒に飲んだり話したり、いつも誰かがそばにいてくれた。

駅前支店の仲間と一緒に旅行も楽しんだ
(筆者は右から３人目)

新規顧客開拓で「お客さまが先生」を学ぶ

駅前支店で営業店の仕事を一通り覚えた1973（昭和48）年8月、なんと私は新店の開設委員に選ばれた。入庫4年目の抜てきに心が躍った。

店舗の開設場所は東海市加木屋町。店舗といえば聞こえはいいが、雑居ビルの一角を間借りした仮事務所に過ぎなかった。

半田市を本拠地とする当金庫にとって、東海市は当時、同じ知多半島でも完全に「アウェイ」と呼べる地だった。にもかかわらず進出を決めたのは、名古屋港臨海部を中心に多数の企業が立地し、都市化が進む人口急増地域だったからだ。

都銀や地銀、大手信金が顧客獲得でしのぎを削る金融機関の激戦地でもあった。その最前線に立ち新天地を開拓できる。私は不安よりも喜びの方が先に立った。

地道な顧客開拓が始まった。企業団地を一軒ずつ回る。セールス訪問に慣れているせいか、どちらのお宅も扉すら開けてもらえない。

中には「うちに金庫はいりません」と、よく分からない理由で扉を閉められてしまったときもあった。知多信用金庫と名乗ることで「金庫のセールスマン」と勘違いされてしまったようだ。何十軒、何百軒回っても似たり寄ったり。知名度ゼロの現実に初めて直面した。

やっとの思いで話を聞いてもらい、口座開設にこぎつけた。喜び勇んで帰店すると1本の電話が入っていた。「そちらに榊原さんという人はいますか？」。不安に駆られた訪問先からの確認の連絡だった。

やみくもに飛び込んでも成功の可能性は低い。取引に結び付けるために何をどう働きかけるべきか。自分なりに考えて準備し、訪問する意識を持ち始めた。

法人の新規開拓にも力を注ぎ、美容院向けの商材を扱う卸事業者に通い詰めた。あるときは経営者の女性に「今日は何の日か分かっているの？」と尋ねられた。「仏滅」だった。訪問のたびに私の本気度が試された。

そしてついにその日がくる。当座預金の開設にこぎつけた。入金額はわずか5円。浮かない顔の私に女性経営者が質問した。「榊原さん、この5円の意味は分かっているよね？」

「ご縁（5円）がありますように」

取引は1回限りで終わるものではない。末永くお付き合いができますようにと、互いの商売繁盛の願いを込めたものだ。営業の基礎の基礎はいつもお客さまに教えていただいた。

加木屋支店で係長に昇格した。入庫から4年目のわずか25歳。部下を使う難しさを知ったのもこのころだった。

渉外係必須のスーパーカブの扱いも板についてきた
(筆者中央、駅前支店で)

生涯の伴侶は輪島から我が家にやってきた新人教師

「石川県から若い女性がやってくる」

話は大学時代にさかのぼる。その日、榊原家は色めき立っていた。新人教師の女性2人が、わが家で下宿することになったためだ。私も、期待と喜びにいささか浮足立っていた。もっとも、さすがにその1人が私の妻になろうとは、夢にも思わなかったのだが。

妻・美代子は、一つ年下で石川県輪島市の出身。地元の高校を卒業後、教員を志して大学に進学した。愛知県の教員採用試験に合格した縁から、半田市立成岩小学校が最初の赴任地となった。

彼女たちは知多半島に縁もゆかりもない。まずは住居から確保しなければならず、成岩小の校長を務めていた片山桂《かつら》先生から懇意にしていた父に「新人教師に信頼できる下宿先を紹介したい。面倒をみてもらえないか」と依頼があった。

2人の新人教師は、わが家の「離れ」で生活を始めた。のちに妻となる彼女は年齢よりも幼く見え、妹のように感じていた。雨が降ると、母から「帰り道は暗くて分かりにくいから学校まで迎えに行ってね」と頼まれることもあった。

両親の頼みで彼女の帰省に同伴した思い出もある。実家を訪ねると「娘が婿を連れてきた」と大騒ぎ。夜には親類も交えて宴が催された。終わりのない接待攻勢。酔いが回りしばし隣室で休んでいると、ふすまの向こうから会話が聞こえてきた。

「あんな酒の弱い奴はやめておけ」

交際が始まり3年ほど経過したある日、彼女のお兄さんが突然訪ねてきた。

どうやら彼女にも知らせずお忍びで来たようだった。開口一番切り出した。「妹に対する君の本心を聞きたい。これからどうするつもりだね」

痛いところを突かれた。当時、仕事に忙殺されていた私は、プライベートの決断を先送りにしていたのだ。妹の将来を案じたお兄さんの言葉に心を決めた。

1971（昭和46）年、24歳のとき彼女と結婚した。式は名古屋市の覚王山にあった教職員共済組合の福利厚生施設で挙げ、仲人は片山先生ご夫妻にお願いした。

後に聞いた話だが、片山先生は当初、彼女を職場結婚させたかったようだ。能登からはるばる来てくれた彼女の幸せを心から願ってのことだと思う。妻を幸せにしなければいけないと改めて心に誓った。

妻との間には2男を授かった。能登人のような酒豪にはなれなかったが、妻を幸せにしたい気持ちは今も変わりない。

新婚旅行先の宮崎市で妻と一緒にラクダ
にも乗った

人生初の支店長になるも、人生初の強盗事件に遭遇

名古屋南支店（名古屋市南区）を経て1980（昭和55）年10月、緒川支店（東浦町）に渉外次長として赴任した。

ここで初めて支店長に昇格する。話は前後するが、巡り合いたくない初めての事件にも遭遇した。支店長として得意先を訪問していたときのこと。社長と話し込んでいると、応接室に血相を変えた取引先の従業員が飛び込んできた。「榊原さん、すぐ店に戻ってください。大変なことになっています！」。事務所のテレビに強盗事件の速報が流れていた。現場は私の店だった。

大慌てで戻ると店の周囲には警察の非常線が張られ、周辺は黒山の人だかり。上空には報道ヘリが旋回している。警察官に身分を明かして非常線の中に入る。幸いにもすでに容疑者は身柄を確保され、職員が事情聴取を受けていた。

事件の様子はこうだ。

覆面の男がカウンターを乗り越え、女性職員に「カネを出せ」と刃物を突き付けた。職員が取引先から集金した1千万円の札束を渡すと逃走。徒歩で逃げる男を男性職員や居合わせた通行人らが協力し、すきを見て取り押さえた。単独犯だった。

幸い負傷者もなく未遂に終わったが、事後処理が待っていた。警察の事情聴取に加え、報道陣からは「客から預かった1千万円の大金を強盗犯に簡単に渡すのか」と非難された。

職員の対応はいささかも間違ってはいない。よくぞ冷静に行動してくれたと思う。私は「事件発生は営業時間中のことだ。職員はもちろん来店客も店内に複数人居合わせた。何を守るべきか、それだけで十分わかるはずだ。いったいあなた方は、人の命とお金のどちらが大切と思っているのか」と押し返した。

疲れ切った職員らをねぎらう一方、職員の家族にも電話し、本人の無事と危険な事態に遭わせてしまった謝意を伝える。本部へも事件の顛末《てんまつ》をまとめた報告書を提出しなければならなかった。

事件の動揺が収まらない最中、顔なじみの住民が来店し、「今日は大変じゃったろ」と蒸かし芋を差し入れてくれた。さりげない心遣いには感謝しかなかった。やはり地域の人はいいものだ。

ここでは管理職の初心も学んだ。次長のとき、支店長から役職員の「ボーナス評価」を託された。一人一人に評価を付けていくと予算が足らなくなる。おのずと自分の取り分を削るしかない。人を評価していく難しさを、支店長は教えたかったのだろう。

評価の基準は「加点」だ。減点では何も挑戦しない人間が利を得ることにもなる。これはおかしい。評価はやはり「加点主義」だ。

ボーナス評価にも頭を悩ませた

思い出深い当時の緒川支店（東浦町）

本部を説き伏せ、顧客の信頼の証《あかし》たる預貸率を高める

「預貸率」とは、預金と貸出金の割合を示す金融の専門用語。店の営業活動の実態を示す要の指標だ。

１９８９（平成元）年４月、乙川《おつかわ》支店に赴任した。乙川地区は、織布を中心に事業で財を成した資産家が多い。大型小売店の出店も相次ぎ新旧が混在していた。

赴任してすぐ課題に気付いた。預金に比べて貸出金が少ない。預貸率は40％を大きく割り込んでいた。新任あいさつのため得意先を回っていると社長がこぼした。「ちたしんさんは、なかなか貸してくれんからね」。事情を尋ねると、融資を相談しても、遠回しに窓口で断られてしまうという。

乙川支店は、預金量が多い「大店《おおみせ》」と呼ばれていた。預金の獲得が優先され、

融資判断など手間のかかる貸出金は後回しにされがち。もちろん店の立地特性によって優先課題は変わる。ただ得意先を門前払いするかのような対応はやはりいただけない。

業務終了後、渉外係全員を集めてきっぱり告げた。「いいですか。あなた方に融資を断る権限はない。断れるのは支店長だけです。その代わり、融資を受ける権限を与えます」渉外には一定の範囲で融資実行の専決権を与え、一両日中に結論を出させる。一定基準を超えるものについては支店長が判断。最終的な責任は支店長の私がとる。

私は顧客からの信頼の指標は「預貸率」と考える。預金量だけではない。集めたお金をいかに地域に役立てられるか。それが地域金融機関の務めだ。顧客は信用してくれているからこそ私たちにお金を預け、さらに信頼関係を前提にお金を借りてくれる。

ただ融資推進の方針に経験の浅い職員が直ちに順応するのは難しい。まずは県保証を提案し、望まない場合は保証人を立てていただく。金利の目安はここまでなど、交渉の手順を整理して伝えた。担保物件をとるための事務作業の基本も一から教えた。

効果はすぐに現れた。専決案件が増えると本部の審査部から「乙川は渉外に専決を与えているのか」と指摘が来た。私は「部下の専決は、いわば支店長の専決だ。支店長が責任をとる。なぜそれがいけない」と説き伏せた。

地域との交流も増やした。クリスマスには来店者にお菓子を配る。取引先の深耕に比例して業績が伸び、職員のスキルも高まる好循環が生まれた。

地域で集めたお金はその地域で生かす。いわば資金の「地産地消」という考え方。域内の資金循環は、後に私が経営のかじ取りをしていくうえでの判断の礎になった。

巨大サンタでクリスマスを盛り上げた

本部勤務は人事課長。「人事」を「人ごと」と読むなかれ

テレビＣＭに「世界は誰かの仕事でできている」というキャッチコピーがある。いい言葉だ。その通りだと思う。

１９９２（平成４）年、初の本部勤務の辞令を受けた。入庫以来、営業一筋。本部異動はまさに「地獄への一丁目一番地」。左遷ではないのかと思えてならない。乙川支店の仲間からの別れを惜しむ「寄せ書き」を携え、本部に赴いた。それぐらい最初は抵抗があった。

営業店は顧客対応が中心だが、今度は四六時中、職員同士で向き合うことになる。未経験の人事畑。ここでいったい何をすればよいのか。駆け出し時代のように右往左往する日々が過ぎた。

異動から半年が経過したころ、重大事案が発生した。ある営業店の支店長が出勤途中、自分の車で交通事故を起こしたのだ。残念なことに被害者は亡くなられた。

調査を進めると、支店長は普段の通勤経路で出勤し、とくに寄り道もしていない。業務上の交通事故であれば労災の「通勤災害」が適用できるかどうか迷った。ただし、それには「住居と就業場所との間の往復」であることを、第三者にきちんと示さなければならない。

しかし、残念なことに当金庫は当時、通勤関係の証明書類を整えていない。人事部としては「事故は当該職員の自己責任。被害者への賠償は、自身の自賠責保険と任意保険で対応すること」という見解しか出せなかった。

しかしながらそれでよいはずがない。通勤中の事故は十分に想定可能だ。職員の誰もが当事者となる可能性をはらみ、対応が遅れた金庫側にも責任の一端がある。最終的に当金庫が被害者側と話し合い、示談とすることで落着した。だからといって、被害者の尊い命が取り戻せるわけではないが。

事故を契機に交通ルールの徹底を呼びかける一方、通勤関係の規定要領の整備に着手した。職員全員に出勤経路などを記した書類を提出させ、通勤方法が変更になった場合も必ず出してもらう。多忙な異動時に面倒と嫌がられるかもしれないが、万一の場合に職員自身を守るためでもある。何よりも悲しい事故を防がなければならない。交通事故は誰一人幸せにしない。

人事はその言葉通り、仕事の対象は人。モノではない。一人一人の職員と向き合い、ときに味方となって寄り添い、ときに行動を改めてもらうため指導する。人事は「ひとごと」であってはならない。

最初はあれほど敬遠していた本部勤務。しかし、本部と営業店がそれぞれの役割を果たしてこそ全体の業務が滞りなく回る現実を初めて知った。

右往左往しながらも本部の役割の大切さを知る
(筆者中央)

西三河勢との「亀崎の陣」で営業の最前線に立つ

本部の業務推進課を経て1995（平成7）年春、亀崎支店に異動した。3年ぶりの営業店勤務に久しぶりに外の空気を吸ったような解放感。

なぜ、私が亀崎へ異動となったのか。うすうす想像はついていた。新たに亀崎地区へ出店した西三河地方の金融機関と対峙するためだ。地域密着の信用金庫といえども市場競争は避けられない。むしろ地域から逃げられないからこそ、競合の切り崩しで顧客を奪われないよう全力で守らなければならない。

亀崎支店は、本店営業部に次ぐ規模の大店《おおみせ》だ。毎年5月に開かれる伝統の「亀崎潮干祭」で引き回される華麗な山車、祭りの盛大さが町の財力を物語る。

顧客とのつながりも太く、地区の有力者らでつくる親睦組織「亀崎会」には歴代の支店長も必ず参加した。

衣浦港の臨海工業地帯を中心に事業所も多い。衣浦大橋を渡り向こう側はもう、強力な金融機関がしのぎを削る西三河地方。渡海しての営業攻勢も激しさを増す。亀崎の攻略は「半田を抑えること」といっても過言ではない。一つ対応を間違えば経営の基盤が揺らぐ事態に陥りかねない。

赴任後、直ちに当金庫の屋台骨を支える総代を含めた地域の重鎮顧客を片っ端から訪問。現状を説明し、単刀直入に協力への理解を求めた。

対応は功を奏した。競合店周辺に居住する当金庫の顧客が中心となり、店舗に出入りする人物を逐一チェックして報告をくれた。

集まった情報をもとに早急な対応が必要な顧客を洗い出しては優先的に訪問。顧客対応に厚みができた。いわば金庫の職員と顧客が連携し、切り崩しを防いだかたちだ。この一件を機に亀崎支店と顧客のつながりも一層深まった。

かたや「ちたしんの子が赤いネクタイしとった」と、私たちの言動に視線が注がれている現実もよく分かった。それだけ地域の人々が私たちを身内のように感じ取り、必要としてくれていることの裏返しだろう。

亀崎は義理人情に厚い町だ。当時、お世話になった鈴川織布の間瀬久隆さん、中京医薬品の山田正行さん、半田中央印刷の高井昭弘さんらとは、今も交友が続いている。かれこれ30年近いお付き合いになるだろうか。

2022年にも彼らと「無尽塾」という勉強会を立ち上げた。旧知の仲間に「ばらちゃん、ばらちゃん」といまだに呼んでもらえることに、このうえない幸せを感じる。

しかし鈴川織布の間瀬さんは2023年6月、亡くなられた。痛恨の極みである。

亀崎会で顧客と結束力を高めた（筆者中央）

本店営業部勤務では法人営業専門部隊立ち上げへ

お金は貸すのではなくお客さまへの「投資」と捉える。利息とはその「配当」にあたる。銀行勤めの人間が何を言っているのかと思われるかもしれない。ただ長年、私が数々のお客さまとお付き合いさせていただいた経験からたどり着いた答えの一つではある。要はお客さまとの取引に臨む姿勢の話だ。

その思いを実践する機会がきた。１９９８（平成10）年４月、亀崎支店から本店営業部へ異動すると、法人営業の専門部隊立ち上げに動き出した。本店営業部はまさに営業活動の中核を担う店舗だ。ただ、その営業規模に比べて事業性融資が見劣りする。私はそれを「課題」と感じた。

私は顧客からの評価は営業店の「預貸率」と考える。お客さまは私たちを頼りにしてくれるからこそ資金の相談に訪れる。乙川支店では職員の意識改革に努めた。今回は専門部隊を組織することで根本的なテコ入れを図る。

当時、東海銀行（現在の三菱ＵＦＪ銀行）など都銀に同様の組織はあったが、信用金庫など地域金融機関ではまだ珍しかったはずだ。当金庫も支店長や渉外係が法人担当を兼ねた。しかし支店長は多忙。経験の浅い若手が中心の支店ではさらにハードルが高まる。

専門部隊は本店営業部内に設けた。支店長経験者らベテラン陣を集め、営業一課を編成した。訪問先は当金庫の営業エリア全域。ただし開拓に成功した暁には、事業所が所在する営業エリアの支店の実績とした。そうすることで支店の協力態勢も得られやすくなる。

新規開拓はとにかく手間暇を惜しまないことが肝要だ。地域ごとに情報を整理し、未取引先の中からこれはとにらんだ先に優先順位をつける。面談用の調査資料を事前に一式そろえる。有望な見込み先には支店長も同伴。訪問先の要望や課題、困りごとなど提案のきっかけをつかむため足繁く通った。

一般の事業所に加え、歯科医や個人経営のクリニックなど手薄だった医療機関の取引先開拓にも力を入れた。成功事例はひな型として情報共有した。

他行で法人営業の経験を積んだ仲間も加わり、若手や中堅職員も配置した。ベテランの背中を手本にしながら、取引先との交渉力を養ってもらう。のちに第一課は本店営業部から独立し、「法人取引推進部」として法人営業のけん引役を果たした。

当時の本店営業部は、旧本部ビルの1階。私が営業部で陣頭指揮を執っていると、ときおり後ろから視線を感じた。上層階からしばしば営業部に降りて来ていたその男性こそが、新理事長の髙橋優二さんだった。

1階に本店営業部があった旧本部ビル(半田市星崎町)

第三章　人生の師、髙橋理事長のもとで

3代続いた現役理事長の死。そして東海銀行から新理事長がやってきた

本店の営業部長を務めていた1999（平成11）年3月12日、東海銀行（現在の三菱UFJ銀行）出身の髙橋優二さんが第6代理事長に就任した。髙橋さんとの出会いがその後の私の人生をも大きく左右することになるのだが、この時点では知るよしもなかった。

髙橋さんと私のやりとりは今後、順次後述したい。ではなぜ都市銀行の雄・東海銀行に勤めていた髙橋さんが、わざわざ知多半島の小さな信用金庫に来ることになったのか。

髙橋さんの理事長就任前、金庫は混乱の極みにあった。1991（平成3）年10月、3代目理事長の大津正敬さんが脳出血で死去し、金庫葬が営まれた。

4代目として創業家の榊原万臣さんが引き継いだものの、創立70周年を目前に控えた97（平成9）年9月、病気で死去した。64歳の若さだった。

榊原万臣さんの金庫葬は、専務理事の長田鉄也さんが委員長を務め、5代目の理事長にも就任した。ところが1999年1月、肺炎のため急死。これもまた享年61歳の若さ。在任期間は2年に満たなかった。

3代続いた現役理事長の死。「ちたしんは理事長に就任すると早死にするらしい」。ちまたでは好ましくないうわさが、面白おかしくはやし立てられた。集金で顧客を訪問する渉外係も、窓口係の女性職員も口をつぐんだ。

次の理事長に誰を据えるのか。金庫内をいくら見回しても適任者が見当たらない。人事案がまとまらないさなか、「東海銀行から次の理事長候補がやってくる」との情報が突然飛び込んできた。終わりのない混乱ぶりを見かね、監督官庁を交えたなんらかの働きかけがあったのかもしれない。

これはのちに、髙橋さんからじかに聞いた話だ。長田さんは東海銀行の出身。長田さんを当金庫へ送り込んだのは、実は髙橋さんだった。長田さんの急死に責任を感じた髙橋さんは自身で金庫へ乗り込み、事態を収拾すべく決断したのだという。

髙橋さんが家族に決断の意を伝えると「トップが次々と死んでしまうようなところへ行くのはやめて」と、強く引き止められた。当然、家族としては心配になるだろう。それでも髙橋さんの決意は揺るがなかった。

99年3月、半田市福祉文化会館（雁宿ホール）で開かれた第1回文化講演会。冒頭、就任したばかりの髙橋理事長が壇上であいさつし、新体制の幕開けを金庫内外に示した。

髙橋優二元理事長

「なぜお前が反対する？」
人生の師、髙橋理事長の決意

名実ともに「髙橋体制」がスタートした。

とはいえ正直なところ、東海銀行から来た髙橋優二さんを、私は歓迎する気にはなれなかった。どこか釈然としない。

別に髙橋さん個人を嫌っていたわけではない。ただ落下傘で降りてきたかのような都銀出身の人間に、知多半島の下々が分かるはずはない。わざわざ外部から受け入れなくても、ふさわしい人物は金庫内にいくらでもいる。普通に考えれば分かる話だ。

理事長就任からほどないある日の夜、髙橋さんから夕食に誘われた。老舗和食店の個室。髙橋さんはにこやかな表情で私を迎え入れた。

春の穏やかな空気の中、こじんまりした日本庭園を眺めながら、杯を酌み交わす。私は下戸でもないが、上戸でもない。理事長みずからの杯を断るわけにもいかず、他愛もない会話を肴に少しずつ酔いが回ってきた。

いくつ杯を空けたころだろうか。おもむろに髙橋さんが切り出した。

「俺は長年、銀行マンとして地域の皆さんに、多大なるお世話になってきた。今こそ社会にその恩返しがしたい」。それまでのにこやかな表情が一変し、鋭い眼差しを私に向ける。本店営業部の執務中に初めて感じた、あの、人を射貫くような眼光だった。髙橋さんはぐいっと前のめりになり、低くうなった。

「俺に私利・私欲は一切ない。ただ地域を、知多信用金庫をよくしたい一念でここにきた。生え抜きとして地道にやっているお前が、なぜ俺に手を貸してくれないのか」

迫力に気圧された私は、押し黙ったまま杯に目を落とした。地面の底から絞り出されるような髙橋さんの偽りなき言霊《ことだま》の重み。私は改めてかみしめた。

確かに髙橋さんは、3代続けてトップが早世する「早死に金庫」と揶揄《やゆ》されながらも、家族に泣かれながら、それでもこの場にいる。

「お前なら、俺がここにきた理由《わけ》がよくわかっているはずだ」

生き馬の目を抜くような厳しいメガバンクの世界を歩いてきた髙橋さん。事前に金庫内の現状をつぶさに調べ上げ、短期間で問題の核心を見抜いていた。もちろん私がどんな人物かも分析したうえで対峙《たいじ》している。背筋に電気のようなものが走った。

「この人にかけてみよう」。心は固まった。

私の金庫人生の岐路には、いつも髙橋さんがいることになる。単なる上司ではない。銀行マンとしての姿勢や経営哲学、人間としての生きざまをたたき込まれた「人生の師」でもあった。

人生の師となった高橋さん(右)と

役員修行が始まり、一年後には想定外の融資担当役員に

あるとき髙橋優二理事長から呼ばれた。理事長室に入ると開口一番、「これからお前を理事待遇にするから」。いきなりの問いかけにぽかんとしていると「なんだ、お前。理事待遇なのにちっともうれしそうじゃないな」

私は本店営業部長という比較的重い職責を担っていたが、別に役員になりたかったわけでもない。いくら頭を巡らせても髙橋理事長の意図がさっぱり飲み込めなかった。

「では、特別手当もつけてやる」それならと思い、分かりましたと答えると、「ただで手当てを渡すんじゃないぞ、お前にぜひやってもらいたいことがある」。いぶかる私に、「一つは今後の常勤役員会に出席すること。もう一つは会議の席上で必ず発言すること。その二つだ」ときっぱり言い渡した。勢いで引き受

けてはみた。それでも髙橋理事長が私に何をさせたいのかまるで理解できなかった。

翌日、本部5階の役員室。仕方なく末席に座った。「なぜこいつがここに座っているのか？」。居並ぶ役員からの視線が痛い。各役員が担当部署の現状について順番に報告すると、最後に髙橋理事長から発言を求められた。私は営業担当部長として、本部に対して日ごろから思うことについて申し述べた。

役員会終了後、融資担当理事が私に「担当役員じゃないんだから、審査について触れない方がいいよ」とくぎを刺した。次の会議では人事担当役員が「営業店で人が足りないから、配慮してほしいなんて発言はどうなのかな」と苦言を呈す。発言のたびに担当の役員からクレームを受けた。

たまりかねた私は「好んでこの席に座っているわけではない。髙橋理事長の命でこの場にいる。それほど皆さんが不満なら降ろさせてもらう。それでいいのですか？」と啖呵《たんか》を切った。役員からの不満の声はピタリと止んだ。

オブザーバーとして役員会に出席を始めた1年後のこと。髙橋理事長から、退任に伴って理事席が空席になるから、その一つに座れと命じられる。思わぬ展開に辞退を示すと「バカモン！」と雷が落ちた。

理事就任後ほどなく、髙橋理事長が「バラ、これから何を担当したい」とうれしそうに尋ねてきた。人事課長を経験していたので「それでは人事でお願いします」と軽く受け流した。

理事の担当を決める次の役員会。融資担当の候補に「サカキバラ」の名前が挙がった。サカキバラの名字の理事は他にもいた。きっと私ではない。それにこの状況下で融資担当なんて、貧乏くじ以外なにものでもなかった。

素知らぬ顔の私に「何をすましている。お前だよ、バラ！」。再び髙橋理事長から怒声が飛んだ。

あまり座り心地はよくなかった理事待遇

地域の安定のため、破綻した常滑信組の全事業を譲り受ける

地域にとって最良の選択肢とは――。金融機関の経営トップは時として、これ以上ない究極の判断を迫られる場面が訪れる。

高橋体制から2年後の2001（平成13）年10月、知多半島に激震が走る。常滑市に本店を置く常滑信用組合の経営破たんが大きく報道された。

常滑信組は1954（昭和29）年の創業来、地場産業を支えてきたが、バブル崩壊以降、地域の景況が悪化。不良債権の急増に加えて資金運用の失敗も重なり大幅な債務超過に陥った。

資本増強もかなわず01年10月、ついに金融庁長官から預金保険法第74条に基づく「金融整理管財人による業務及び財産の管理を命ずる処分」を受ける事態

に至る。破たん処理に伴い複数の金融機関が事業譲渡先として候補に挙がった。当時の私はまだ、本店営業部の理事部長に過ぎない。経営破たんについても新聞報道で知ったぐらいだ。これほどの重大事案の判断に直接携われる立場ではなく、髙橋優二理事長の判断を見守るしかなかった。

01年11月22日午前、緊急理事会が開かれ髙橋理事長の最終判断が示された。理事会の最中に金融整理管財人から電話連絡が入り、理事長が途中退席。数分後に戻ってきたところで「受けることにした」と皆に告げた。

同日午後に開いた記者会見で、髙橋理事長は全事業の引き継ぎを表明し、できる限り職員を受け入れたいと明言した。

経営破たんした金融機関を譲り受けるという極めて重要な判断は、経営トップの立場でもそうあるものではない。経験豊富な髙橋理事長にとっても、筆舌に尽くし難い重圧だったと思う。

当時、常滑信用組合は１３２４億円の預金量に２２７人の役職員、15店を抱えていた。一方で当金庫の預金量は３１６３億円、役職員数は４４１人、26店（いずれも01年3月末現在）に過ぎず、共倒れリスクも懸念された。

それでも知多信用金庫が救済金融機関の役割を果たさなければ、常滑信用組合の職員とその家族を含めると、１千人を下らない関係者が路頭に迷うことになる。長期にわたる地域経済への影響も避けられないだろう。

最良の選択肢の解を求めるのは難しい。しかし現在、旧常滑信用組合の職員は当金庫の支店長や管理職として活躍している。皆が力を合わせて地域を盛り上げる姿は、20年前の経営判断が間違っていなかったことを物語る。

中部経済新聞

経営破たんの常滑信組

知多信金が"受け皿"

地域の混乱を最小限に

【常滑】知多信用金庫（本店半田市、高橋慶二理事長）は二十二日、十九日に経営破たんした常滑信用組合（本店常滑市）の受け皿として事業譲渡を受け入れる用意がある、と発表した。常滑信組の金融整理管財人が同日、知多半島に店舗を構える複数の金融機関に事業譲渡を打診。知多信金は緊急理事会を開催し、「交渉のテーブルに着く」（高橋理事長）ことを決定した。他の金融機関は未定だが、「ほかに手を挙げる金融機関はないだろう」（地元金融機関幹部）という見方が多く、事実上、知多信金が受け皿に決まりそうだ。

記者会見する知多信金の高橋理事長

ペイオフにらみ統合効果狙う

「スピード決着」の背景

常滑信組の経営破綻に関する新聞記事

「いいかバラ、大事なことはたった一つだけ。融資は度胸だ」

私に融資部の経験はない。ほかにも腕利きの融資スペシャリストがいるのになぜ私が融資の責任者なのか――。髙橋優二理事長の命とはいえども、どうにも私には受け入れ難かった。いっそのこと会社を辞めるか……。逡巡し独りつぶやいた。

ある日、前任の融資部長だった新海一夫専務が、妻同伴で私を夕食に招待した。新海専務は「奥さん、しばらくバラは大変苦労すると思う。支えてやってほしい」と妻の方に向き直り頭を下げる。私に辞退させないための新海専務の作戦だった。退路は断たれた。

翌日、新海専務に呼ばれた。「俺は融資畑が長かった。お前に融資の極意を教えてやる」。私は生唾を飲み込む。手帳を取り出し、わらにもすがる思いで次の言葉を待った。「いいかバラ、大事なことはたった一つだけ。融資は度胸だ」

私がここまで融資担当を躊躇《ちゅうちょ》するのには、それなりの理由がある。当時、金庫は経営破たんした常滑信用組合を吸収し、大量に抱え込んだ不良債権処理は待ったなし。通常の融資も並行して推進しなければならず、業務量は倍増していた。

2003（平成15）年5月、融資部の部長席に座るや否や、案件が津波のように押し寄せてきた。約20人いた部員の帰宅は連日午前さま。あまりの激務に融資課長が心を病み、休職に追い込まれてしまった。「このままでは駄目だ。みんなつぶれてしまう」

既存の審査体制の見直しが急務と考えた私は、思い切って「見込み案件」について、より緊急性の高いものを優先する手順に変更した。「担当理事の私が全責任を負う」と部員に宣言し、必要に応じて理事長の承諾前に決裁。場面に応じて機動的に融資を実行した。

ある日、髙橋理事長が融資部に顔を出し、部長席の隣に腰を下ろした。

「最近、おれのところに回ってくるのは、事後案件ばっかりだな」とつぶやく。

「通常の案件は私が責任を持ちます。どうしてもという場合は、事前に相談しますから」と伝えた。

その都度上席にお伺いをたてれば、自分自身の保身は図れるだろう。しかし、その分だけ決済に時間を要する。結果、もっとも影響を受けるのは営業店でありその取引先だ。

決断には、相応の度量や気構えが欠かせない。かつて新海専務から伝授された極意「融資は度胸」という言葉の重みを、改めてかみしめた。度胸なくして迅速な決断はありえない。シンプルながら分かりやすい極意だ。今、私が後輩から助言を求められたら、新海専務と同じ答え方をするかもしれない。

お茶目な人柄で愛された新海さん
(中央、筆者は新海さん右上)

地域の振興に役立つとして、空港関係事業の融資を徹底する

私たち地域金融機関の存在意義は、いかに地域の発展に役立つ仕事ができるかどうかにかかっているだろう。

合併により積みあがった不良債権の処理は、待ったなしの急務。当時の金額で約50億円の債務の整理を迫られていた。

回収作業は、ときに反社会的勢力とも対峙しなければならない。所轄の警察署に連絡し、連携しながら事にあたった。

かたや債務整理で縮小した融資残高を取り戻すため、新規での残高積み上げも必要になる。白羽の矢を立てた一つが、航空会社の従業員寮の建設計画だった。当時、常滑市沖に2005年2月、中部国際空港の開港が急ピッチで進め

られていた。平行して空港で働く航空会社の従業員寮が、知多半島内で複数建設される計画も動き出していた。

大手を含めた激しい争奪合戦。金利こそ望めなかったが、地元で建設事業を獲得できればそれだけ地域が潤う。幸い、航空会社が求める水準の技術を提供可能な取引先もあった。

予想通り、経営陣は低金利に難色を示した。私は「目先のみの利益優先はやめていただきたい。航空関係者の移住は、地域の活性化にもつながる」と説得した。実際、航空関係の子弟は学歴も高く、地域の教育水準の底上げにもつながる。教育環境は、地域に残すことができる恒久的な財産となる。そのうえで「計画される物件をすべて取ります」と明言し、役員会の承認を取り付けた。

片っ端から融資を実行し、着工前の地鎮祭には髙橋優二理事長にも出席してもらった。残りは1カ所のみ。順調と思っていた矢先、髙橋理事長から「宮本町の物件を他に取られているが、どういうわけだ？」と。急ぎ確認すると、すでに他の金融機関が決め、事業者も内定していた。

施工主に面会を求めると門前払いされた。それでも折れずに日参し真意を引き出した。どうやら親類が当金庫の既存先。新たな融資を受けることで自分の全財産も金庫に掌握されてしまうのではないかと危ぶんでいたようだった。

面談を重ねるとその施工主が半田市成岩の出身。しかも姉の同級生という。互いの素性が判明すると、次第に施工主も心を開き始める。自宅の住宅ローンもこちらで肩代わりすることでついに契約にこぎつけた。顧客に寄り添えた瞬間だった。

不良債権処理でそぎ落ちた50億円の融資残高を積み戻すと、満面の笑みを浮かべた髙橋理事長が待っていた。

「よくやった、バラ。次は何をやりたい？」

当時、手掛けた物件の一つ(半田市内)

創業理念「地域とともに」のもと、新たな地域支援制度を創設

地域金融機関の存在意義を理解し、創業理念「地域とともに」の言葉の重みに真正面から向き合ってきたのは、生え抜きの私たち以上に、髙橋優二理事長だったのかもしれない。

２００４（平成16）年４月、新たな地域振興支援制度「夢サポート」を立ち上げた。夢サポートの紹介文には「地域社会の発展なくして金庫の存続、発展はありえない。地域と一体で社会的責任を果たす」――とのメッセージがうたわれている。

知多半島5市5町に拠点を持つ個人や団体、事業者らを対象に、地域振興や環境保全に役立つ新たな事業や活動を支援する制度。助成額は計画する事業・

活動資金の半分以内で最高額は200万円だ。年に2回公募し、選考委員は日本福祉大学、知多半島の4商工会議所、愛知県、福祉協議会、中日新聞社など地域の関係機関の方々に委託し、公平・公正な審査体制を整えた。

地域金融機関が取り組む返還不要な資金としては、全国でも指折りの制度だったはずだ。金庫の創業理念や地域金融機関としての役割の具現化を目指した。年を追うごとに認知度が高まり、創設の04年から2020（令和2）年までに計33回募集。累計で1459件の応募があり、そのうち671件に総額1億5746万円を助成した。

資金提供だけでなく、助成先を集めた情報交換会なども催した。17年には東海市芸術劇場で、金庫の創立90周年事業としてシンポジウムを開催。夢サポートの事例発表会や情報交換の場も設けた。

助成先からは「活動資金も助かるが、それ以上に夢サポートに選ばれることで団体としての評価が高まる」との声も耳にした。「夢サポートのちたしん」と評価され、金庫の知名度を飛躍的に高めてくれた。

夢サポートは歴代理事長が引き継ぎ育てていった。09年には全国信用金庫協会の第12回信用金庫社会貢献賞も受賞した。これほどの制度が地方の中小金融機関で実現可能だったのは、ひとえに地域金融機関の存在意義を理解していた髙橋理事長の功績なくしては語れない。

夢サポートは、新型コロナウイルスの感染拡大で地域貢献活動が軒並み休止に追い込まれたのを境に、今後の方向性を思案中だ。

ただ現在、当金庫が力を注ぐ「地域特化型クラウドファンディング」など、地域の活動を支える道は必ず残されている。次世代への夢サポートの理念継承を願ってやまない。

助成先を称える髙橋氏(右端)

夜の海に落ちたが、「なにかの理由で生かされた」と感じる

長い人生、ときとして転機となるような出来事がある。ただ、「啓示」ともいえるような場面に遭遇したのはこれが初めてだった。

2007（平成19）年の秋口、専務に昇格したころの話だ。「三度の飯よりも釣りが好き」だった私は、職場の釣り仲間10人ほどで三重県の答志島に夜釣りに出かけた。狙いはメバル。それぞれ好みのポイントに分かれ、私は1人、真っ暗な防波堤に向かった。

仕掛けを海に投げ入れ、防波堤沿いを探りながら歩く。何か手応えを感じたので少し後ずさりした。目が慣れてきたとはいえ宙をさまようような感覚。しかし下がったその先に…防波堤はなかった。

体が宙に浮き、真っすぐ海の底へ落ちていく。遠のく意識の中で、海底に広がる光の草原が見えた。夜光虫の群生だった。

ある程度海の中まで沈むと今度は体が浮き上がり始め、再び海面に顔が出た。

もう一つ幸運が重なる。手を伸ばせば届く先に、防波堤からロープが垂れ下がっていた。ロープに捕まり助けを呼ぶ。しかし声は届かない。数分後だろうか、私にライトの光が当たった。仲間の1人だった。

私が助けを呼ぶと「専務、そこで何をしているのですか！」。何をしているもない。見れば海に落ちてしまったぐらいは分かるだろう。それはともかく、皆が協力して私の体を防波堤の上まで引き上げてくれた。

いま思えば、芥川龍之介の「蜘蛛の糸」とはまさにこのこと。1本の不思議なロープと仲間が一緒だったからこそいまの私がいる。

しかし本来は、命を落として当然の結末だった。ライトも持たずに闇の防波堤を歩き、ライフジャケットも未着用。しかも少し前、釣りに伴う職員の事故で金庫からは「夜釣り禁止令」も出ていた。ただ反省と懺悔しかない。

理由は分からないが、海に落ちた瞬間は意外に冷静だった。パニックで暴れなかったからこそ、衣服の中に残された空気の浮力で海面まで戻れた。

幸運な条件がいくつも重なったおかげで生を得た。明らかに自分の力ではなく「生かされた」と、このときばかりは強く感じた。あえて生かされたのは何かの理由がある。私にはまだやるべきことが残されているかもしれない。この夜の出来事は私の人生観を変えた。

さて、助けられてからも懲りずに釣りを再開した。するとメバルが入れ食い。釣果が詰まった私のクーラーボックスに、仲間が仰天していた。帰宅してから事故のてん末を妻に報告するとこっぴどく怒られた。

夜釣りに訪れた三重県の答志島

第四章　紆余曲折のサラリーマン理事長がしたこと

「覚悟に勝る決断」で、ちたしん初のサラリーマン理事長に

融資残高の目標達成後、人事部長から一本の電話が入った。「融資部に加えてこれからは企画部、資金証券部、事務管理部も持ってください」

さすがにここまでくると、次期理事長候補者としての経験を積ませたいという髙橋優二理事長の意図が伝わってきた。

2009（平成21）年1月4日の仕事始め。理事長室に呼ばれた。新年のあいさつも手短に理事長が切り出した。「次の理事長をやってもらいたい」

ある程度覚悟はしていたが、動揺は隠せない。自分にそんな器はない。固辞すると「バカモン、人の能力なんて自分で判断するものじゃない！」と一喝された。髙橋理事長からは数え切れないほどの雷を落とされたが、それでも体が

無意識に後ずさりしていた。まさに怒髪天《どはつてん》を衝《つ》く。怒りの雄たけびは理事長室の壁を突き抜けフロア全体に響き渡るかのようだった。

理事長は続けた。「本当は年末に伝えようと思った。が、それじゃあよく寝られんし、落ち着いて正月も迎えられんだろうが。俺なりに温情をかけてやったんだよ」。何が温情なのだかよく分からない。だからといって、理事長職だけは到底引き受けられない。

「胃腸の調子もよくありません。妻も反対しています」。確かに体調は芳しくないし、妻も歓迎してはいなかった。すると、髙橋理事長はすかさずその場で最寄りの医療機関に電話した。

「俺は3回腹を切った。それでもこの場にいる。今から直ちに診察を受けてこい！」

帰宅後、妻に理事長との一件を伝え、自分の気持ちも打ち明けた。

「お父さん、なりたくても、なれない人もいるのよ。もし本当に人に定めというものがあるのなら、無理に逆らわない方がいいわ。私も助けるから」

覚悟は決まった。夜釣りの海に転落して九死に一生を得た記憶もまだ新しい。何かの啓示かもしれないと悟った。

その年の6月19日の通常総代会、7代目理事長に就任した。就任あいさつで、私は理事長としての覚悟や思いを役職員に伝えた。

「髙橋理事長は自分の体を盾にして金庫を守り、地域の発展に貢献していただいた。その恩義に報いるため覚悟に勝る決断をした。受け継いだたすきを色あせさせることなく、少しでも上乗せして次の理事長にお渡ししたい」

当金庫の理事長職は、髙橋氏ら旧東海銀行出身者が続いた。創業から80年を超える知多信用金庫の歴史で、生え抜きのトップは一人もいない。私は初めて「サラリーマン理事長」となった。

第84期総代会で

蒲焼き嫌いになるほど、ランチミーティングで若手の声をきく

私の大好物の一つに「ウナギの蒲焼き」がある。まさかそれが、見たくもないと感じる日が来るとは夢に思わなかった。理事長に就任してほどなく「ランチミーティング」を本格化させた。昼食を取りながら、現場の若手職員に忌憚《きたん》のない意見を聞かせてもらう。現場の声を拾い上げるのは難しい。専務時代から課題だった。

古今東西、どのような組織であれ末端の声はトップに伝わりにくい。中間管理職を介せば彼ら流の言葉に翻訳され、妙な忖度《そんたく》が加わったりする。本音には程遠い。

現場の若手を管理する支店長にもあまり歓迎されない。支店の日常業務に支

障が出るというのが表向きの理由だが、実のところは意に反した実態を暴露されかねない状況を心配してのこと。本来は、それこそが大事にすべき生の声ではある。

対象人数は約２００人。夏の盛り、「うな丼」で養生しながら意見してもらう。会場は本部の役員会議室。10人程度にグループ分けし、集まってもらった。関係する役職や役員は入室させない。

彼らの大半は、役員会議室は初めて。「ここが理事長の席」「あなたが座っているが専務の席」などと説明すると、物珍しさに見回している。

最初は総じて緊張した面持ち。うな丼を食べ進めるうちに会話が始まり、少しずつ場がほぐれる。一人の女性職員が口火を切った。「支店長は午前中に出て行ったきり、どこで何をしているのかわからない。一番困るのはいつも留守番の私たちです」

真顔で訴える女性職員に「支店長は何かの約束があったのかもしれないが、やはり予定表は必要だよね」と応じる。すると様子見だった他の若手職員もせきを切ったように話し出し、職場への不満を口々にした。

「今すぐできることは直ちに対処します。時間がかかることは将来の課題として取り組む。金庫も努力します。皆さんも同じ職員であって評論家ではない。自分たちでできることはみずから改善し、力を合わせて金庫を盛り上げていきましょう」と呼びかけた。

真の改革・改善は、互いに本音をぶつけ合う場面からしか生まれては来ない。現場の若手が成長すれば、管理職や経営陣自身も相応の成長を余儀なくされる。それが組織の活力となり、経営体質の強化にもつながる。ベクトルの向きは若手も役員も同じでありたい。

ランチミーティングを1週間続けると、大好物のウナギでもさすがにわが胃が受け付けない。別メニューも勧められるが、同じ食事を共にすることが仲間の証しでもある。経営陣の一挙手一投足を現場は注視している。

役職員の心をつなげた一杯のうな丼

女性の活躍を目指し、「幸せのクローバープロジェクト」スタート

「どうして、こんなにやぼったいデザインなのかな?」「それは、おじさんたちの目線だけで決めたからじゃないの」

蛍光灯が灯《とも》る業務終了後の本部ビルの一室。長机の上には、全国の金融機関から取り寄せた数十枚のキャンペーンチラシ。集まった女性職員が手に取りながら意見を交わしている。なかなかの手厳しい指摘。

2009(平成21)年9月、女性職員有志でつくる商品企画チーム「幸せのクローバープロジェクト」を発足させた。女性目線による商品やサービスを提供して顧客満足度を高め、同時に女性職員の活躍の場も広げる。当時、女性の企画チームは全国で2行のみ。信金としては初めての試みだった。

現場を切り盛りする女性職員の存在は大きい。限りない可能性を秘めた女性陣に、存分に能力を発揮してもらいたい。長年温めてきた思いだ。

女性企画チームのメンバーは公募による８人。そのうち支店勤務が６人を占めた。営業現場が関心を持ってくれたのがうれしかった。

まずはメンバー各自が事前に調査した都銀・地銀など約２００行の商品やサービスを一覧表にまとめた。以降は月1回集まり自由に意見を交わした。

10年４月、地元産の果物や知多牛などをプレゼントする地産地消商品「おいしい定期積金～知多半島からの贈り物」を商品化し、即完売の好スタートを切った。子宮頸《けい》がんセミナーなどの催事も試みた。家族向けの「キッズ応援団サマースクール」は現在も続いている。

女性活躍の場を企画チームだけで終わらせたくない。活動はスタート地点に過ぎない。私は理事会で「支店長を女性にも任せたい」と提案した。

２０１４（平成20）年4月、東ヶ丘支店（阿久比町）に当金庫初の女性支店長が誕生した。女性職員は、預かり資産担当者研修の第1期生。女性企画チームの公募時にも手を挙げてくれた一人だった。

現在、女性の支店長は３人。女性役席は全職員の約２割。では女性の理事は…残念ながらまだいない。当金庫は20年1月、「ちたしんＳＤＧｓ（持続可能な開発目標）宣言」を公表した。活動方針の一つに「多様性」を掲げ、ジェンダー平等を推進する。掛け声倒れにしたくはない。

前出の女性職員は、異動後も支店長として活躍している。久しぶりに言葉を交わすと「私は支店長では終わりません。理事長を目指します」と笑う。頼もしい限りだ。

女性企画チームの初代メンバー

取引先幹部育成・異業種交流を目的に、あすなろ経営塾を立ち上げる

「あすなろ」という木をご存じだろうか。日本固有の常緑樹。10メートルを超える高木に成長するが、樹形が近いヒノキよりは低い。「明日はヒノキのようになろう」と、成長イメージの言葉としても使われる。

2012（平成24）年7月、取引先事業者でつくる「ちたしん経友会」と、その下部組織の位置付けで、若手経営者や幹部候補の育成、異業種交流を目的に「あすなろ経営塾」を立ち上げた。

経友会と経営塾の設立は、時代の流れに先駆けた取り組みとなったはずだ。金庫の創立85周年記念の中核事業とし、総力を挙げて実現させた。

当初、経友会に88社、経営塾には45社が参加した。そのうち、若手を対象に

したあすなろ経営塾は外部講師を招き、偶数月に年6回の勉強会を開催。財務や労務など経営に必要な基礎知識全般を習得する。

研修のコンセプトは「知行合一」。参加するだけでは意味がない。学習の成果を自社に持ち帰り、翌日から塾生おのおのの現場で実践していただく。いずれは会社を支える大黒柱として、木目がびっしりと詰まったヒノキのように力強く育ってもらいたい。あすなろ経営塾が目指す姿でもある。

会員・塾生から評判なのが、経済講演会や企業視察会だ。企業視察会は、「かんてんぱぱ」でおなじみの長野県伊那市の伊那食品工業、静岡県浜松市の自動車メーカー・スズキも訪問した。

伊那食品工業は塚越寛氏による特別講演会で「年輪経営」を披露していただき、スズキ本社ではカリスマ経営者の鈴木修氏から、皆に講話をいただく貴重な機会も得た。

学びを重ねた若手があすなろ経営塾を卒業し、一人前の経営者として会社を切り盛り姿は喜びに堪えない。

経友会とあすなろ経営塾は、新型コロナによって活動休止を余儀なくされた。これから本格的に活動を再開するが課題も残る。経友会会員のベテラン経営者は高齢化が進み、あすなろ経営塾の塾生らは経営環境の変化で余裕を失っている。

顧客にもっとも近い立ち位置で寄り添う私たちに何ができるのか。何をすべきか。金融機関の発想を超えた新たな試みも必要になる。

希望や成長は人間の本質と思う。塚越氏は「年輪は毎年必ず一つ増える。成長の度合いではなく、前の年より大きくなることが大切」と説く。お客さまも私たちもそうありたい。

鈴木修氏と一緒に（スズキ本社にて）

リーマンショックからの反転攻勢で名古屋市南部・西三河へも進出

私が理事長として受け取った最初の役員報酬は、いきなり3割カットだった。就任時の２００９年は世界中の金融機関を震撼させたリーマンショックの翌年。赤字決算に陥っていた。

職員の頑張りに応えて給与は下げず配当も年６％を維持した。それでも役員は経営責任を免れない。妻は「理事長は給料が下がるの」とあきれた。

当時、半田市での預金量は５割に近く、地銀や西三河地方の信金勢からの攻勢に、防戦一方だった。消耗戦に職員の士気も上がらない。それでも「しかるべき時期に必ずくさびを打つ」。反転攻勢の機会をうかがった。

13（平成25）年10月、名古屋市緑区鳴海町に有松支店を出店し、「北進」へののろしを上げた。有松は名古屋南支店（南区）に次いで名古屋市内2カ所目。営業エリアを名古屋市全域に拡大する。２００２年の常滑信用組合の吸収合併で店舗数は増加したが、純粋な新規出店としては12年ぶりとなる。

「北進」は、緑・南区ラインで地銀の攻勢にくさびを打つ狙いもあった。1店舗では「点」に過ぎないが2店舗ならば「線」が引ける。事前調査で手応えも感じていた。

ただ2店舗だけでは相互連携まで期待できない。戦場で兵たん（補給・連絡路）が伸び切って部隊が孤立してしまうようなものだ。対策として緑区に隣接する大府市東部に共和駅前支店（13年11月）を新設し、南区に隣接する東海市にも上野支店（15年11月）を移転した。北進エリアの後背地を固める「面」の効果も狙っている。

くさびを打つエリアはもう1カ所あった。15年12月、刈谷市中心部に「刈谷支店」を出店した。西三河地方へは初めての進出。攻められっ放しの西三河勢に対しては刈谷でくさびを打つ。ただし深追いは控える。現時点ではあくまでもくさびだ。

反転攻勢で新規開拓といえば聞こえはよいが、門前払いで現場は心が折れそうになる。それでも「30回断られるぐらい訪問を」と鼓舞し、全店の支店長へも応援を求めた。

新店は単に「箱」を造ればよいという話ではない。箱の全員が互いの持ち味を最大限に発揮し、ベクトルを合わせることで初めて成果に結び付く。スタープレーヤー1人ではチームは試合に勝てない。新店の出店は信金の仕事の醍醐味《だいごみ》を実感できる貴重な成長機会なのだ。

女子レスリングの吉田沙保里選手らも駆け付けた
(右から3人目)有松支店の開店日

津波一時避難所、自動車産業創生の地など新たな営業店9カ所を手掛ける

社会環境の変化に伴い、営業店の役割も変わりつつある。出店は単なる「箱」を造るだけの話ではない。さまざまな意味でその地にふさわしい、必要とされる存在となりたい。

２０１３（平成25）年10月、南知多町の「豊浜支店」を移転した。南知多町は、南海トラフ巨大地震で最大10メートルの津波被害が想定される。11年の東日本大震災の津波で、現地の金融機関の店舗は無残に破壊され、多くの人命が失われた。豊浜も決してひとごとではない。そのため郊外の支店としては異例の鉄筋コンクリート造りの3階建てとし、さらに津波が押し寄せると1階の壁が抜けて力を逃す構造を初めて採用した。災害時には海抜10メート

ル超の3階と屋上部分を、最大350人を収容可能な一時避難所に充てる。支店を一時避難所に指定するため、南知多町と「防災協定」も結んだ。知多半島は伊勢湾台風で多くの尊い人命が失われた。今なら適切な対策で助けられる命は少なくないはずだ。二度と同じ悲しみを繰り返してはならない。

もう1カ所、12年5月に移転した乙川支店（半田市）。ここは私も支店長を務めた思い出深い店だ。移転先は旧店舗から150メートル北。そこはトヨタグループの創始者・豊田佐吉氏のゆかりの地だった。

佐吉氏は、現在の静岡県湖西市の生まれ。豊田式木製人力織機を発明した5年後の1895年、愛知県知多郡乙川村の実業家・石川藤八氏を訪ねた。共同で「乙川綿布合資会社」を立ち上げ、エンジン式の織機も備えたという。その意味で国内自動車産業創生の地といっても過言ではない。

店舗は鉄骨造り2階建ての民家風と落ち着いた外観。「はんだ郷土史研究会」

が中心となり、駐車場の一角に記念碑を設けた。「豊田佐吉翁発明　動力織機発祥の地」の文言が記される。碑文は、豊田家の菩提寺だった湖西市の妙立寺、四十五世吉塚日浄貫主の手によるものだ。

店内には佐吉氏に関する資料も展示した。元トヨタ自動車会長の内山田竹志氏にも、古き良き面影を残す乙川地区を訪れていただいた。

２０１０年代は営業店の新規出店や移転が続き、私の理事長時代だけでも９カ所を手掛けた。同時並行の時期もあり、準備に携わった役職員の皆さんには大変な苦労だったと思う。改めて感謝の言葉を伝えたい。

元トヨタ自動車会長の内山田氏と

乙川支店に残る四十五世吉塚日浄貫主の書

地域でお金を回す地産地消を目指し、2市2町の指定金融機関へ

２０１５（平成17）年4月、半田市の指定金融機関としての業務を開始した。メガバンクが独占してきた知多半島5市5町の指定金の一角に、悲願の「風穴」が開いた瞬間だった。

指定金は、地方公共団体の公金収納や支払い業務などを取り扱う金融機関のこと。知多半島の指定席は三菱東京ＵＦＪ銀行。私たち地域金融機関の入り込む余地はまずなかった。

金融システムの障害は社会の信頼を損ねる重大事案に発展する。万一深刻なトラブルに至った場合には、当時の榊原純夫市長と互いに辞職を申し合わせた。

「100％の成功を期す」

業務開始時期を当初予定よりも1年間遅らせ、準備に準備を重ねた。

なぜ、そこまでして名乗りを挙げるのか。一言でいえば「地域内でお金を回す」ためだ。私は地方創生を成す一つの手法として、人(雇用)・物(地産地消)・金（地域の預金を融資などで地域に還流）を回す地域循環モデルの構築が必要と考える。これに「情報」の共有もあればなおよい。

地方創生という言葉が叫ばれて久しいが、やすやすと事が運ぶものでもない。イノベーションを生み出すためには、地域の主体性が求められる。地域の「細胞」を活性化させ、地域を健康体にすることこそが地方創生につながる。

私たち地域金融機関はその立ち位置から何ができるのか、何をすべきなのか。地域を軸足に考えた末の結論のひとつが「指定金」だった。指定金で集まったお金を、域外に出さず地場の企業に低利で融資する。資金の「地産地消」とも言い換えられるだろう。

この分野をメガバンクに託せば、預金の大半は地域外へ流出する。急激な高齢化が進む地方は、相続に伴う資金の流出も加速している。地域金融機関の存亡を問われる事態といっても過言ではないだろう。

私たちの指定金の姿勢は、これまでとは一線を画した。地公体への預金・融資は一切行わない、集まった市税・町税の半分は平残で滞留させる——などを契約条件とした。

知多半島の地方公共団体の財政事情は、南下するほど芳しくない。当金庫の指定金は口座振り込みが無料、地方自治体の振替手数料はこれまでと同額。手数料は二の次に財政の健全化を支える。地域と一蓮托生《いちれんたくしょう》の構えだ。

半田市の指定金を受けた翌16年4月に阿久比町、19年に常滑市、22(令和4)年に南知多町の指定金業務も始まった。残る市町への声掛けも継続していく。

半田市役所の指定金窓口

どのような組織でも「まずは人の成長」。人づくりには自衛隊の力も借りる

「最初は本当に行きたくなかった」「体験前は嫌でたまらなかった」。当金庫が取り入れてきた「自衛隊研修」に参加した新入職員の感想の一部を抜粋したものだ。

いきなり自衛隊の中に放り込まれたら、新入職員ではなくてもこぼしたくはなるだろう。ただ、普段とまったく異なる環境で新たな学びを得てほしいという期待は大きい。

きっかけは、自衛隊の広報官が隊員ＯＢの再就職先確保のため当金庫を訪れたことに始まる。興味を抱いた私は新入職員の研修協力を打診した。

私は人材育成を重視し、入庫年次ごとに必要な知識や資格を習得する研修制

度を取り入れてきた。そのうえでもっと手前にある「人間形成」の段階でも、職員教育の可能性を模索していた。

当初自衛隊側からは難色を示された。「過去に女性を受け入れた例がない」と。少なくとも宿泊を伴う場合は難しいとの回答だった。だが女性こそ貴重な戦力。女性隊員に担当していただくことで何とか実現した。

2014（平成26）年、陸上自衛隊の春日井駐屯地で研修が始まった。2泊3日の予定で、集団生活を通して規律や互いに助け合う大切さを学ぶ。基本教練に始まり、腕立てや長距離走、救命活動、3分間スピーチなど盛りだくさんのメニュー。服装確認や整理整とんなど自衛隊ならではの内容も多い。

いきなり分刻みのスケジュール。負荷は大きい。ところが、研修を終えた新入職員からは「辛いと思っていたが、案外楽しかった」など肯定的な意見も少なくない。研修中に男性隊員と意気投合し、結婚した女性職員もいた。研修に協力していただいた自衛隊の皆さんには感謝している。

ただ残念なことに研修を終えた新入職員が、半年も経たずあいさつすら満足にできなくなってしまう状況も見えてきた。それはすなわち私たち幹部自身にも、礼儀の基本が欠けているのでは、という現状が図らずも露呈されてしまった。

あいさつは社会生活における基本中の基本。皆さんは自分の両親に「ありがとう」という言葉を素直に伝えられるだろうか。案外、言葉が出てこなかったりする。この素敵な言葉を自然に使えるようになりたいものだ。私が目指したい教育の姿はそこにある。

当金庫で活躍する自衛隊ＯＢの一人は「自衛隊の訓練の目的は人を育てること」と話していた。もちろん訓練ありきではないが、どのような組織であれ、まずは人が成長してこそ。金融機関もそうありたい。

緊張の面持ちで体験入隊に臨む新入職員ら

ベテラン職員のからむ衝撃の情報漏洩事件発覚。求められた危機管理能力

２０１５（平成27）年師走。突然、スーツ姿の愛知県警本部の捜査員が理事長室を訪れた。告げられた内容は衝撃だった。女性職員の一人が顧客情報の漏えいに関与している疑いをかけられていた。当時、本店の個人ローン部（現在の融資部）に勤務していた女性職員は、顧客情報を不正に持ち出し、交際相手の男に渡していたという。

当該職員は勤務態度も良好で人事評価も悪くない。顧問弁護士と対応を協議し、秘密裏に役員や支店長にも注意を促す。翌年２月には常滑市内に「あすか台支店」の開業も控え、多忙と不穏な空気をはらんだまま正月が明けた。

２０１６（平成28）年２月17日、職員は不正競争防止法違反で逮捕された。

あすか台支店開店のわずか2日後。事件は大々的に報道され、報道機関や顧客からの問い合わせが殺到した。

どう対応すべきか。初動が遅れるだけ傷口は広がりダメージも計り知れない。迷っている暇はない。地元有力紙幹部の助言も受け、逮捕当日の夜、本部で緊急会見を開いた。

冒頭、カメラの放列の前で頭を下げ、謝罪の言葉を伝えた。そのうえで金庫として当該職員を告訴する方針も表明。集まった報道陣からは情報管理体制の甘さについて徹底的に問われ、話は経営責任にも及んだ。

「すべては私の責任です」。はなから釈明するつもりもない。事件が発覚した時点で、理事長はもちろん全ての公職を退く覚悟だった。

ただ経営トップは、何より職員とその家族の生活を守らなければならない。告訴もその判断から踏み切った。顧客や関係機関に自らの言葉で伝える「説明責任」も残る。自身の進退はそれからの話だ。

調査の結果、情報流出は34件。単独犯だったが一部はすでに自動車購入などに悪用されていた。顧客への説明と謝罪行脚。情報管理の強化については抜本的な対策を講じることとした。

役職員を対象にアンケート調査を行い、不満や意見を拾い上げる。調査結果を踏まえて再発防止策にまとめ、金融庁に提出した。先駆けた動きが奏功し、最終的に改善命令も受けなかった。当金庫の自浄能力が一定程度認められた格好だが、危機管理能力の重要性を改めて突き付けられた。

「じいじがテレビで頭を下げてる」。当時、ニュースを見た孫が無邪気に話していたという。さすがに私も堪えた。役職員も皆同じ気持ちだったろう。当該職員も犯罪に加担した自己の弱さを認めて罪を償い、立ち直りを願うばかりだ。

情報漏えい事件に揺れた旧本部ビル

第五章　本部建て替えを済ませ半田商工会議所会頭に

新築3棟を「三位一体」運用し、地域を支えようという大規模プロジェクト

最適解は「3棟の実現」。創業90周年を前に、金庫内で議論が続けられていた。本店・本部の建て替え計画についてである。旧本部ビルは、最初に建てられた部分は1972年に完成。解体時点で46年が経過している。増改築を繰り返し、本店営業部や事務センターを一つの建物に集約し機能性は高いが老朽化していた。

しかも度重なる増改築で敷地いっぱいに建物が拡張されたため、同じ敷地内で業務を継続しながら建て替え工事に着手するのは不可能だった。

本部は半田市中心部の国道247号沿いに位置し、東に名鉄知多半田駅、南側は雁宿ホールも隣接する。建て替えは地域の将来を見据えたまちづくりから

も計画を練る必要があった。

プロジェクトチームを立ち上げ、さまざまな事例を検証した結果、たどり着いた最適解が「3棟の実現」だった。

旧本部ビルに隣接する駐車場などの敷地に、まず「本店営業部」と「事務センター」を移転新築して稼働させる。その後に旧本部の建物を解体し、跡地に新本部を建てる。解体中、本部機能は新たな本店営業部と事務センターの建物などに分散させ急場をしのぐ。完成の暁には「3棟」の建物群となる。

3階建ての本店営業部は来店客の利便性を重視し、7階建ての本部棟は機能性を追求。5階建ての事務センター棟については複数の保安ゲートを設けて入館可能者を制限するなど、当金庫史上で最高のセキュリティーを導入した。保安・防災機能も最高水準だ。

知多半島市町の「指定金融機関」の事務システムを最新の技術で支え、顧客情報の流失は鉄壁のガードで防ぐ。これらは職員による顧客漏えい事件の痛い教訓を踏まえ、故意・過失を問わず貴重な顧客情報を守るためにたどり着いた「最適解」でもあった。

まちづくりの視点から地域のインフラ向上も意識している。本店営業部の3階に、最大で３００人収容する多目的の「ほしざきホール」を設けた。

工事は大半の工程に地元の工務店を入れた。プロジェクトで動く巨大な資金を可能な限り地域に還流させるためだ。このような場面でこそ域内の資金循環の考えが生きてくる。工期は２０１６年から足掛け3年以上に及び、20年1月にすべての機能が整った。

それぞれ異なる役割を担う3棟を「三位一体」で運用し、地域の経済・文化を支える。創業90周年に、地域金融機関として役割を内外に発信するふさわしい事業となった。

地域金融の役割を担う３棟群

「ちたしんふれあいギャラリー」で地域文化の発信・育成を目指す

毎月の来場者は約３００人。利用予約は3年先まで埋まり、予約は一時停止。「ちたしん　ふれあいギャラリー」の状況だ。

２０２０（令和２）年1月、創立90周年を記念し、本部棟１・２階にギャラリーを開設した。名称の「ふれあいギャラリー」は職員から募った。

1階は、知多半島にゆかりのある画家の作品を展示し、２階部分は若手画家やアーティストのグループなど地域の皆さんの創作活動や成果を披露する場として無料開放した。醸造業で栄えた半田は蔵や山車などかつての栄華を伝える文化歴史遺産が誇りだ。一方で市民からは「発表の場がない」と残念がる声も多かった。

ただギャラリーは箱を造ればよいというものでもない。そもそものきっかけは、緒川支店時代に遡る。支店の裏手に鈴木順一氏という「画家の卵」が工房を構え、画材の購入資金の工面に度々訪れていた。鈴木氏は「点描」という独特な技法を駆使して主に風景画を描く。南知多の快活な空の色と海の濃淡を点描で見事に表現し、地元漁港の平和な風景の空気感を、何とも言えぬ淡い色使いで描き出した。

私に絵心があったわけではない。鈴木氏の感性や人柄に感じ入るところがあったのだ。本部に掛け合いながら創作活動を支援した。

もう一人忘れてはならない恩人もいる。東浦町内でタツミ額縁店を営む加藤一男氏だ。芸術に造詣が深い加藤氏との出会いは、東海市出身の日本画家・藤井康夫氏と交流を深め、後にギャラリーに貴重な作品を提供していただくきっかけとなった。

知多半島の風景や風習を、カラフルな「切り絵」で表現する南知多町の切り絵作家・山﨑修氏との出会いにもつながった。

加藤氏は「いつか榊原さんが偉くなったら、地元画家の発表の場をつくってもらえないか」と頭を下げた。若き才能の芽を育てたいという加藤氏のひたむきな思いに触れ、私は「分かりました」と即答した。ふれあいギャラリーの開設は、この40年前の加藤氏との「約束」でもあった。

ギャラリーの開設は思わぬつながりも生んだ。日本銀行の元名古屋支店長の宮野谷篤氏（現在はＮＴＴデータ経営研究所会長）も、お忍びでギャラリーを訪れた。

月替わりで開かれる地元アーティストらの作品のクオリティーの高さには、目を見張るものがある。興味を持たれた方は、ふれあいギャラリーにぜひ足を運んでみてほしい。

作品の演出を意識したギャラリー内

創業90周年を機に、たすきを次の世代へ渡す決断

「世代交代」は経営者が避けて通れない大きな宿題だ。いかにして次に「たすき」をつなげるか。最後にして最重要課題となる。

２０１７（平成29）年6月、会長に就任した。理事長としての在任期間は8年間。職員の情報漏えい事件の引責に加え、半田商工会議所の会頭を引き受けた背景も重なる。ただ私の背中を押したのは、11月に迎える創立90周年を新たな体制で迎えるべきとの思いが大きい。たすきを次の世代に託す最適なタイミングと判断した。

私が前理事長からたすきを受けた09年はリーマンショックの直後。有価証券の減損処理に追われ、一部の金庫ＯＢからは「創業来初の赤字を計上した理事長」として揶揄《やゆ》されもした。この事態を教訓とするため、当金庫は有価証券の

売買基準を価格変動の3割（購入時から）とする「30％ルール」を設けた。個別銘柄による好き嫌い（主観）を避け、売買の判断基準を明確にする目的がある。メガバンク出身の髙橋氏は有価証券の扱いに長けていたが、私たちはそのレベルにない。技能水準に左右されない体制が必要と考えた。

トップには常に責任が伴う。理事長に就任してから減俸も経験した。「サラリーマン理事長」の私に減俸の痛みがないわけではない。ただトップが挑戦の気概を失えば、おのずと組織は活力を失う。その意味で私個人が失う対価などは安いものだ。

金融庁と対峙しなければならない局面も何度かあった。財務局に呼び出されて釈明を求められる。私たちは立場上、監督官庁たる金融庁には弱い。それでも釈明に終始せず、正しいと判断すれば筋を通すため、適切に主張すべきだ。経営トップの保身のためではなく、金庫と役職員と家族を守り、さらには私たちを頼ってくれる地域を守るためにだ。

トップのために組織があるのではなく、組織のためにトップがいる。公的な金融機関であればなおさらのこと。神輿に乗る人間は自分で担げないし、山車を自ら曳くこともできない。神輿や山車の「重み」を感じ、次世代にもその重みをつなげる。それがトップの使命だ。

前理事長からたすきを受け継いだ際、主要取引先の社長が「よく生え抜きの人間を理事長にされましたね」と、髙橋氏の最終決断を高く評価した。

地域金融を背負う信用金庫はやはり「農耕民族」であるべきだ。一緒に地域を耕し、いつか皆で同じ土に還る。地域はそれを望み、狩猟民族ともいえるメガバンク出身の髙橋氏も「たすきの重み」を理解していた。私はその重みと共に、感謝の意も伝えたい。

新本部棟の稼働も次世代に託した

「ファーストペンギンたれ」と半田会議所会頭に就任

「目指すは行動する会議所。まずは会頭・副会頭が会員の先頭に立つ『ファーストペンギン』としての役割を果たす」。半田商工会議所で開かれた就任会見で、私たち5人の新正副会頭は高らかに宣言した。

２０１６（平成28）年11月、同商工会議所の会頭に就任した。就任までには紆余《うよ》曲折があった。話は私の理事長就任時。前理事長の髙橋優二氏は理事長退任に伴い、商工会議所の副会頭職も退いた。後任として私に声がかかったがリーマン危機の直後。経営立て直しに忙殺され余力はなかった。

状況を察した会頭の榊原卓三氏は「それでは半年間、副会頭席は空席にします」とその場を辞した。再び卓三氏が金庫に姿を現したのは、忘れもしない半年後の「翌日」だった。

卓三氏は「会議所は6カ月待った。議員からは『いつまで副会頭を空席にしておくつもりか』と突き上げられている」と返答を迫った。確かに半年前に比べて経営状態も落ち着いてはいる。私は申し出を受けた。

就任から半年後。正副会頭会議の席上、卓三氏が驚くべき一言を放った。「会頭を受けてもらえませんか」。私は就任からわずか半年余りの新米に過ぎず、同じ副会頭の先輩お2人もいた。しかも当金庫には過去、会頭職まで務めた理事長は一人も存在しない。私がうなずく理由はただの一つも見当たらなかった。

「それでは、私に（会頭を）3期目もやれということなのですね。わかりました。それでは3期目も私がやります。その次をお願いします」とさりげなく逃げ道をふさぎにかかった。専務理事には議事録にやり取りを残すよう指示した。

さすがに3年後は誰にも分からない。卓三氏は「言質」を求めたが、議事録は猶予していただいた。だが事実上、退路は断たれた。卓三氏の作戦勝ちだった。

3年後、卓三氏と先輩格の副会頭は退任。一人残され、一から新体制を築くことに。私は地域の課題解決を目指し若手起用に動いた。白羽の矢を立てたのは、八洲建設社長の水野貴之氏と、青年会議所出身のマツイシ楽器店社長（現会長）の松石奉之氏。10日間の猶予を与えて返事を待った。

ところが10日後、私は大学病院に検査入院した。先のことはやはり分からない。

16年11月、半田商工会議所の第15代会頭に就任した。副会頭は、中利社長の小栗利朗氏、Ｏｆｆｉｃｅ北岳楼社長の中埜喜夫氏、八洲建設の水野氏、マツイシ楽器店の松石氏の４人。最高の同志と共に会議所改革に動き始めた。

就任会見に臨む５人の正副会頭

行動する会議所を目指し、「ファーストペンギン」の正副会頭がまず先頭に

ファーストペンギンは群れが海に飛び込む際、サメなどの天敵に襲われる危険を顧みず、真っ先に飛び込むペンギンのこと。一見すると勇敢なイメージだが、自然界では仲間に押され、不本意にも最初に海に落ちてしまうペンギンも少なくはないらしい。私がどちらの部類に属するかはさておき、半田商工会議所トップの仕事が始まった。

私が標榜したのは「行動する会議所」。まずは正副会頭が商工会議所という群れの先頭に立つファーストペンギンの役割を担う。既存の委員会を四つに再編し、４人の副会頭が各委員会を受け持つ体制をとった。

手始めは、まず会員事業者の声を聴くことだった。商工会議所の主役はあく

までも事業者。いかに会員の意見を集約するか思案し、懇談会の開催にたどり着いた。半田市を亀崎・乙川・半田・成岩・青山の5地区に分け、懇談会を順次開く。会場は当金庫の営業店の会議室を活用すれば会場費も不要。駐車場も確保できる。第1回は亀崎地区に決めた。4人の副会頭を伴い亀崎へ乗り込んだ。テーブルで五つの島を作り、5人の正副会頭がそれぞれ着座し談笑する。緊張が解けると本音が飛び出した。中には「会議所の雰囲気が暗い」「職員の顔が見えない」など、耳の痛い指摘も少なくなかった。出された貴重な意見はグループごとに発表した。

どうやら亀崎地区を無事に終えると、私は4人の副会頭に提案した。「次回からそれぞれ自前で手土産を持参しませんか」

日本酒やみそ、スイーツなど何でもよかった。持ち寄った手土産を「会頭賞」「副会頭賞」などの賞品にして、懇談会に足を運んでくれた会員に抽選でプレゼントする。少しでも互いの心の垣根を取り除くため、あえて「遊び」の要素も取り入れた。

5地区を回り終えると「会頭、懇談会はよかったですね。またやりましょう」と、今度は副会頭から声が挙がった。会員のみならず私たち正副会頭の間でも結束力が強まったようで非常にうれしく感じた。

私は新たな試みを始める際、心をさらの状態に戻すため周囲の声に耳を傾けるようにしている。そこから何をすべきかを考える。

実はこの手法、私が理事長就任時にも用いている。会議所の地区別懇談会は、営業店の若手職員の生の声を拾い上げる「ランチミーティング」の応用版だ。たとえ年齢を経ても、どんな場面でも初心忘るべからず。原点に立ち戻る大切さを、逆に私自身が教えられた。

多数の会員が集まった地区別懇談会

職員の顔を表に出し、「変わったね」と言われるよう会議所の改革を推進

「変わったねと言ってもらいましょう」。女性にもてるための話ではない。半田商工会議所の会員からの評価を高めようという話だ。

先の地区別懇談会では、会員の皆さんから耳の痛い話をいくつも耳にした。「会議所の雰囲気が暗い」というのもその一つだ。窓口に立っても誰も顔を上げない、誰に尋ねたらいいのかも分からないという生の声だった。

私は会頭就任時、全職員を集めて「皆さんは誰から給料をいただいているか分かりますか」と問いかけた。「それは会員からいただいている会費です。それだけでどちらを向いて仕事をすべきかが、おのずと分かると思います」

それは信用金庫も全く同じ。いつも当金庫の役職員に呼び掛けてきた。「皆

さんは理事長から給料をもらっているのではなく、お客さまからいただいるのです」と。

とくに商工会議所の職員は民間というよりも準公務員的な立ち位置にある。安定した職場というイメージが定着して久しい。しかし会議所は行政の出先や子会社ではない。あくまでも会員の会費で運営されている。

しかも私たち正副会頭は報酬すらないボランティアだ。それどころか一般の会員よりはるかに高額の運営費を拠出している。商工会議所は、地域の事業者のために存在するという事実を決して忘れてはならない。

会員からの意見でもう一つ「職員の顔が見えない」という指摘があった。ならば、みんなそろって顔を出そうではないか。

毎月発行の「会議所月報」で、専務と事務局長以下、全職員の顔写真と氏名、各自の担当仕事を紹介した。会員の皆さんが、用向きに合わせて誰を尋ねたらいいのか一目でわかる。職員へは自覚を促すねらいもあった。

私自身も、会議所会館1階にある喫茶コーナーのスタッフが、同じ職員であることを初めて知った。やはり会員の指摘通り、それだけ職員の顔が見えていなかったということだろう。実はこの手法、知多信用金庫の支店長の顔写真を載せた「定期預金キャンペーンチラシ」が評判になった経験を応用した。

会議所の職員には厳しい意見と受け止められるかもしれないが、社会環境は大きく変化している。私たち正副会頭も単なる名誉職ではなく実働部隊の一員。「ファーストペンギン」の役割とはそういう意味だ。

半田商工会議所は２０２３年で１３０年の節目を迎えた。真正面から変革と向き合い、挑戦する意義は大きい。久しぶりにお会いした会員の方から「会議所はちょっと変わってきたね」と言われたときは心底感激した。

笑顔の職員を紹介した会議所月報

お笑い芸人によるイベントも開催

会議所が市内金融機関の連携をとりまとめ「ビジコン」「食ビズ」を開催

地域の事業者を盛り上げるため、半田市内に店舗を構える金融機関と互いに協力する。これほど理想的な地域支援は、地域経済団体の商工会議所ならではのことだろう。

会頭に就任した翌年の２０１７（平成29）年度、二つの事業が立ち上がった。一つは「知多ビジネスプランコンテスト」。新たな発想で商品・サービスを開発し、販路開拓や集客に挑戦する事業者らを支援する。

既存の事業者はもちろん、これから事業を始めようとする人も応募可能だ。創造性に加えて実現の可能性や事業の継続性まで問われるため、なかなかハードルは高い。最優秀賞を獲得した事業者には商工会議所と金融機関が連携し、プラン実現をサポートする。初年度は29件の応募があり、最優秀賞に、音楽を性格診断に用いたマツイシ楽器店のビジネスプラン「MB性格診断の開発及び販路拡大」を選んだ。

もう一つは「食のビジネスフェア　あいち知多半島メッセ」の開催。知多半島は食材の宝庫だ。知多産の良質な食材や加工品が一堂に会する場を設けることで、新たな事業の芽が生まれることに期待した。

会場の半田市福祉文化会館（現在の瀧上工業雁宿ホール）が物品販売を禁止していたため、展示のみとなるが、他のビジネスフェアに比べて出展料をかなり割安に設定した。ビジネスフェア初心者の事業主には、不特定多数の来場者に自社を知ってもらういい機会になる。

自社をいかにPRするか、商品やサービスの長所をどう伝えるか、宣伝や販促の学びの場ともなる。新人を含めた従業員教育の場には最適だろう。初回の

「食ビズ」には知多半島の事業者ら40先が出展した。

この2事業は6年間継続した。ビジコンは昨年度でいったん休止したが、食ビズは半田商工会議所の創立130周年を記念し、本年度はさらに付加価値を高めて開催する。

ビジコンもビジネスフェアも半田会議所単独で知多半島全域から事業所を集めるのは容易ではない。16年に市内金融機関と結んだ連携の「覚書」に基づく協力を得ているからこそ実現が可能になる。同じ金融機関の立場にいる私は、連携は絵空事ではなく、実効性を伴う協力関係を目指すべきと考えた。

地域のために、商工会議所を中心に日ごろはライバル関係の金融機関が力を合わせる。戯言《ざれごと》に聞こえるかもしれないが、それだけ金融機関は地域で要となる存在であることを自覚すべきだろう。いい意味で互いを利用し合えばよい。それが地域の発展につながる。

来場者でにぎわう「食ビズ」の会場

125周年を記念して海外視察へ。井の中の蛙の末路は「ゆでガエル」

メガバンクに対し、地域金融機関の私たちは総じて「海外案件」という泣き所を抱える。農耕民族ゆえの弱さといえばそれまでだが、国外に目を向ける中小企業は増えている。「井の中の蛙大海を知らず」では大切な取引先からも見限られてしまう。会頭としても会員目線から視野を広げる必要性を感じていた。

2014年、南支店の取引先で超硬工具を製造するシー・ケィ・ケー（半田市）が中国遼寧省大連市の工業団地に進出した。同社から工場の完成式に招待したいとの要請を受けた。海外出張は初めての経験だった。あいさつ文こそ作成したが、やはり中国語で伝えたい。金庫内で中国語の翻訳や通訳が可能な人材をあたると案外といた。いつの間にか人材に厚みが増してきたことに将来への頼もしさを覚えた。

同様に課題を抱える半田商工会議所でも、創立125周年の記念事業としてベトナムで経済・産業視察研修会を開くことになった。4泊6日でハノイ、ダナン、ホーチミンの3都市を訪問する。ホーチミンには商工会議所の会員で当金庫取引先の中部紙工も進出している。支店長らも選抜して計22人の視察団を編成した。

中部紙工の現地法人は神谷光治社長（当時）らが工場を案内してくれた。ハノイでは中小製造業が関心を寄せる技能実習生の送り出し機関も視察した。

翌年も商工会議所主催によるカンボジア視察に、当金庫の女性支店長を含む23人が参加。技能実習生の送り出し機関などを訪問した。

カンボジアはインドシナ紛争と軍事政権による苛烈な弾圧で国土が荒廃し、他のASEAN諸国に大きく後れをとっていた。

研修生らに「なぜ日本へ行きたいのか」と質問すると、「両親に楽をさせたいから」と片言の日本語で答えてくれた。無邪気な笑顔に好感が持てる。なによりも目の輝きが違う。私たち日本人もこんな素敵な目をしていた時代が確かにあった。少年時代の記憶が重なる。

伊勢湾と三河湾に囲まれた知多半島は、昔から海の向こうに目を向け、酢や酒などの醸造に海運を組み合わせた国内交易でばく大な富を蓄えた。先人たちは「半島」という決して小さくないハンディを克服するすべを編み出し、他地域に先駆け挑戦してきた。

海外視察は残念ながら長引くコロナ禍で途絶した。それでも地域と世界の結びつきは確実に深まっている。私たちは農耕民族だからこそ、意識して視野を広く持ちたい。井の中のカエルの末路は「ゆでガエル」でしかない。

シー・ケィ・ケー中国工場の完成式

新たな地域の雇用創出のため
アクティブシニアタウン「知多版ＣＣＲＣ」に挑戦

一番の地域貢献とは？　そう問われたら、迷わず「地元での雇用確保」と答えたい。私が「ＣＣＲＣ」に注目したのは、地域の雇用創出にこの新たな手法の活用を考えたからだ。「ＣＣＲＣ」という言葉にまだ耳慣れない方が多いかもしれない。介護が必要になってからではなく、健康時から継続的なケアを提供する共存型のシニア向け施設を指す。

初めてこの言葉を耳にしたのは、職員の情報漏えい事件を受けた「謹慎中」のとき。とある取引先の経営者が理事長室を訪れた。「バラさんはＣＣＲＣをご存知か？」。知らなかった。話によると、どうやら愛知県内にも全国に先駆けて取り組んでいる地域があるらしい。一緒に訪問してみないかと誘われそのまま車に同乗した。

そこは小牧市にある「自立いきいき村」だった。グループホームや住宅型有料老人ホーム、シニア向け賃貸マンション、家庭料理を提供する飲食店などの施設が村内に整っていた。介護度に応じてマンションからグループホーム、老人ホームへと住民票の異動なく住み替えが可能。村民は「終の棲家」で必要なケアを受けながら安住できる。村長の富本一久氏は「日本一の自立村を目指す」と、自立運営の大切さを強調されたのが印象に残った。

ＣＣＲＣは、見方によっては看板を架け替えた新たな「姥捨て山」を地方に増やすという誤解も招きそうだ。しかし私は違うと思う。むしろ都心部に居住する前向きなシニア層に、移住を促す絶好の機会と捉えた。要はシニア世代の最後の自己実現に向け、いかに共感できる移住コンセプトを打ち出せるかだろう。

シニアの移住は「地域経済に貢献しない」との見解もある。それに対して三菱総合研究所の松田智生氏（現在は日本福祉大学客員教授）は「医療・介護費は増加するが、住民税や社会保険料の収入増がそれを上回る」と発想の転換を提案している。

移住には雇用の場の確保も必須条件だ。シルバー層の技能や知恵、経験を生かしていただく環境も整える。富本氏の目指す「日本一の自立村」というのはその意味もある。同時に「M字カーブ」と呼ばれる20〜40代の女性の雇用の場なくして地域の存続はない。ＣＣＲＣはその鍵を握るだろう。

当金庫は一度、取引先の遊休施設を活用した日本版ＣＣＲＣの実現を試みたが、残念ながら地域の理解を得るに至らなかった。

今後、ＣＣＲＣを巡る地域間の競争も高まるだろうが、温暖で農産・漁業資源に恵まれた知多半島のポテンシャルは高い。産学官で連携して、知多の魅力を数値化・見える化し、情報を発信、人を呼び込む。人・物・金の好循環は必ず新たな雇用創出につながる。「日本版ＣＣＲＣ」より一歩先んじた「知多版ＣＣＲＣ」の実現を願ってやまない。

column

地方創生と日本版CCRC

榊原 康弘〔さかきばら やすひろ〕
半田商工会議所 副会頭
知多信用金庫 理事長

「CCRC」をご存知でしょうか。

あまり聞き慣れない言葉ですが、Continuing Care Retirement Communityの略で「継続的なケア付きリタイアメントコミュニティー」と呼ばれ、元気なうちだけでなく、介護が必要になった時は介護を受けながら生活をしていける共同体施設のことを言います。

米国では、1970年代に登場し年々増加傾向にあります。少子高齢化が進んでいる我が国で、首都圏へと人の流れが進み、地方は、働き手である15歳から65歳の生産年齢人口が減少し、地元経済は疲弊し始めています。このような課題を打開するために安倍政権は、「地方創生」を前面に出し、本腰を入れ出しています。大学進学においても首都圏の有名大学に人気があって、地方大学への入学希望者を安定して確保することが困難になっています。地方大学の経営も楽ではありません。そこで、地方の総合大学が立ち並ぶ環境の近くに「高齢者共同体施設CCRC」を設け、大学のキャンパス内で、大学進学をあきらめなければならなかった時代に生まれ、企業戦士として戦い抜いて退職された方や、早くから家庭に入ることを余儀なくされた女性の皆様に、生涯学習カリキュラムの受講生として学んでいただく。シニア大学生と現役大学生がコラボして企画したイベントに、近隣の保育園や幼稚園児並びに小中学校の児童が参加し、日本の伝統的な遊びの伝承や躾を身につけるきっかけづくりを試みる。

先生は、共同体施設住者のお年寄りたちのみなさん。また、孫と同じくらいの年齢の子供たちが、PC・スマホ等の使い方を先生に教え、新旧の理解と絆を深めていく。仕事や社会を通じて地域の担い手としての活動を強化し、必要が生じれば、介護・医療サービスを受けられる医療施設の充実を図る。このことによって、医療関連事業という新たな職業・職域が地方で生まれる。結果として、生産年齢人口減少に歯止めをかけ、地元の若者たちに雇用と地元への税収入を生み出す仕組みができる。

仕組みが出来上がれば、地元に就職する若者が自然と増えてきます。一方、高齢者のみなさんが長く現役で活躍できる期間を延ばす環境を整備すれば、魅力ある「村」ができるのです。健康なうちに入居すれば、不安や老後の心配がなくなります。また、老後は、孫と同じ年の子供たちと一緒に勉強したい・楽しみたい・役立ちたいという気持ちの変化もあらわれてきます。

私ども地元金融機関は、地元の活性化なくして発展はありえません。地元との取引関係を大切にしていく使命を持つ信用金庫として、地元活性化の旗振り役を果たしたいと思います。地元に雇用を生むために、地元に雇用を生む事業化構想を盛り上げ、資金需要に的確に応えたいと思います。地元企業が、一人でも多く地元の従業員を雇用することでその家族は守られます。家族のみんなが喜んでいただける環境を構築することこそ、企業の最大の使命であります。

金融機関で働くものとしては、地元経済に好循環を生み出すことこそ、金融機関に求められる最大の地域貢献ととらえます。

副会頭時代、初めてＣＣＲＣについて会報に寄稿した

第六章　これからのわが地域「知多」を想う

産業振興と環境の調和を見据えられる人材育成こそ、ＳＤＧｓ「バッジ」をつける意味

地域貢献も時代に応じて姿を変えていく。既存事業の継続だけにとどまらず、時代に応じた新たな考え方や試みも取り入れながら、改善していく必要があるだろう。

２０２０年１月、「ちたしん地方創生ＳＤＧｓ（持続可能な開発）宣言」を行った。活動方針に①持続可能なまちづくり②地球環境の保全③多様性と一体化の促進―の３本柱を掲げた。

ＳＤＧｓに関心を抱いたきっかけは、半田会議所会頭時代、ＳＤＧｓを推進する半田青年会議所理事長の曽根香奈子氏との対談に遡る。言葉は知っていたものの、私は「なぜいまＳＤＧｓが必要なのか」「ＥＳＧとはどう違うのか」

など曽根氏を質問攻めにした。地域金融機関の立ち場からも今後の活動にいかに生かすべく、相応の可能性を感じ取っていたからでもある。

当金庫の地域振興支援制度「夢サポート」など地域貢献の取り組みは、今に始まった話ではない。その意味で国連のＳＤＧｓを通じて私たちの足跡を再認識することで、新たな価値付けができそうな予感もしていた。

目標３「すべての人に健康と福祉を」は、顧客親睦チャリティーゴルフ大会、目標４「質の高い教育をみんなに」は若手経営者のあすなろ経営塾、目標13「気候変動に具体的な対策を」には小学校へ緑のカーテン費用の寄付など、既存事業の多くが17の目標のいずれに合致していた。そのうち知多半島で推進可能な九つの目標を掲げた。

そのうえで役職員にＳＤＧｓを理解してもらうため何から始めるべきか。思い至ったのが「ＳＤＧｓバッジ」を付けることだった。職員がバッジをつけて訪問すれば、お客さまから「それは何ですか」と尋ねられるかもしれないし、会話の糸口にもなる。説明するためには自ずと勉強もしなければならない。

同年12月、研修を始めた。外部から講師を招かず役職員で必要な内容を検討。座学に加えて「啓蒙動画」や「ＳＤＧｓすごろく」を取り入れた。

曽根氏との対談でたどり着いた答えがＳＤＧｓの必要性を理解し、実務に落とし込める「人づくり」だ。産業振興と環境保全の「調和」を見据えられる人材育成なくして持続的な成長はありえない。

曽根氏は現在、ＳＤＧｓデザインの代表理事としても活動し、地域のＳＤＧｓの普及活動のけん引役を果たしている。半田市も21年に「ＳＤＧｓ宣言制度」を始めるなど、地域に活動の輪が広がりつつある。

地域貢献の姿は時代に合わせて変化していく。しかし、その根幹が人づくりにあることは、これからも揺らぐことはないだろう。

第１回研修で「ＳＤＧｓすごろく」を初体験する役職員ら

曽根会長ら半田ＪＣのメンバーと一緒に

「ちたクラウドファンディング」を立ち上げる

地域貢献は常に進化する。時代に合わせ、未知数でも多様な形態を試みていくべきだ。挑戦なくしては何一つ答えを引き出せない。

２０１９年４月、ケーブルテレビ局のＣＡＣ、半田中央印刷、当金庫の３社で社団法人「ちたクラウドファンディング」を立ち上げた。クラウドファンディングのプラットフォームは、大手のＣＡＭＰＦＩＲＥ(当時はＦＡＡＶＯ)を利用するが、目指すはあくまでも「地域密着型クラウドファンディング」だ。

スタートアップやイベント開催などで資金を必要とする事業者や団体は多い。当金庫は独自の地域振興支援制度「夢サポート」で融資以外のニーズを補ってきたが、新たにクラウドファンディングの活用も提案する。

始動から4年間で50件以上をサポートし、累計で5千5百万円以上の資金を集めた。一部の案件は融資にもつながるなど成果も出始めたが当初は異論も多かった。「本業の融資が伸びないのに、なぜクラウドファンディングが必要なのか」。提案した理事会では批判が相次いだ。そもそも具体化に必要な人材が金庫内にいなかった。

解決策は、地元企業との「協業」だった。幸い、取引先のCACが単独でクラウドファンディングプロジェクトの起案を経験し、手練れの幹部もいた。半田中央印刷はSNS対応に強い。単独では困難ながら、3社が力を合わせることで不可能を可能に変える。

具体的にはCACはPR動画を制作し、半田中央印刷はSNSの拡散などで協力。当金庫は信用力や相談力を生かすほか、店舗網を情報拡散に利用する。互いの強みを生かし企画段階から起案者をサポートする。

とはいえクラウドファンディング自体の認知度も、地域では決して高くない。初心者向け説明会を各地で継続的に開くなど、まずは活動のＰＲや起案者の開拓に力を入れた。地域連携も進めた。クラウドファンディングを地域振興に活用する。自治体は近年、財政難から地域活動団体への助成を縮小する傾向にある。地域の方向性にも合致していた。

クラウドファンディングの活用協定を、６市（半田、大府、西尾、常滑、東海、知多）、２町（東浦、南知多）、３商工会議所（半田、東海、大府）、２観光協会（半田、知多）、日本福祉大学と相次いで結んだ。地域の課題解決につながるプロジェクトに挑戦する起案者を、地域で連携しながらサポートする。

クラウドファンディングは自助努力だ。自らの活動をＰＲし、いかに必要性を理解してもらうかが成否の鍵を握る。それゆえに自己の意識改革や成長、自立の機会にもつながる。

当初はパソコンやスマホも扱えなかったが、1年がかりでプロジェクトを成し遂げた80代のおばあちゃんから、終了後にいただいたお礼の手紙には感激した。挑戦者の皆さんの勇気や実行力を改めて称えたい。

日本福祉大学とも活用協定を締結

中京医薬品の山田会長を実行委員長に迎え、山車まつり盛り上げに協力

　2023年10月、第9回はんだ山車まつりが開かれる。コロナ禍で1年延期されたこともありいっそうの期待が膨らむ。6年前の祭りを振り返ると実行委員会の会長が決まらず、困り果てた当金庫亀崎地区総代の間瀬久隆氏と高井昭弘氏、乙川地区総代の近藤巨宣氏が理事長室を訪れていた。

「山田さんの説得に協力していただけないだろうか」

　山田さんとは中京医薬品会長（当時は社長）の山田正行氏のこと。2017年に開かれた第8回はんだ山車まつりの実行委員会会長に、山田氏の就任を要請していた。しかし度重なる説得にも関わらず、山田氏は頑として会長を引き受けようとしなかった。

はんだ山車まつりは5年に1度、市内10地区の山車が一堂に会する。31輌の山車が勢ぞろいする姿は圧巻。近年は50万人以上の観光客が押し寄せる。

山田氏は、1979年の第1回開催に尽力した立役者の一人。半田青年会議所の幹部として、絶対に不可能とされた山車まつりを実現に導いた生粋の「祭り人」だ。これ以上にふさわしい人物はいなかった。

亀崎地区の山田氏は、ユネスコの無形文化財にも登録された「亀崎潮干祭」にも深く関わってきた。「山車は半田の歴史そのもの。祭りを愛する気持は半端ではない。祭り人はその年の祭りが終わるや否や、来年を心待ちにする」と、その心意気を隠そうとはしない。

まつり創設者の一人として固い信念を持つ山田氏は就任要請を固辞し続けた。山田氏との交遊歴は何十年にも及ぶが私が説得に加わってもかたくなに拒み続けた。

最後の説得に向かった私は中京医薬品本社社長室で山田氏と向き合った。「山田さん、私がここにお願いに来るのは、これが最後になります。お受けいただけないでしょうか」。長い沈黙が続いた。腕組みをして押し黙ったままだった山田氏はついに重い口を開いた。「もう一度考えてみます」

後日、受諾の連絡をいただき、関係者一同ほっと胸をなでおろした。

山田氏の就任については「理事長（私）が仕組んだ」「山車まつりを亀崎の祭りにするため」などと根も葉もないうわさも流れたが、山田氏は決してそのような人物ではない。心底から故郷の半田を愛する祭り人の一人だ。

山田氏は体の不調を抱えながらも、山車まつりを事故なく立派に成し遂げられた。私は強引な依頼に心が痛んだが、終了後に山田氏から「引き受けて良かったよ」と謝辞を伝えられ、心から安堵《あんど》した。２０２３年10月、６年ぶりに山車まつりが開かれる。往時の活気が戻ってくれればと祈るばかりだ。

第８回はんだ山車まつりで山田氏（右）と

女房役の専務理事が病に倒れ、その意思を継いで会頭続投を決意

私は半田商工会議所の会頭を引き受けるとき、「自分の任期は1期3年だけ」と心に決めていた。「3年間で会議所を変える」と公言し、退路も断った。

1期3年間で結果を出す。必要な改革を推進し、並行して次にバトンタッチする態勢も整える。小栗利朗氏、中埜喜夫氏、松石奉之氏、水野貴之氏の4副会頭と京才泰直専務理事にも考えを伝え、皆を鼓舞した。

共に新たな試みに次々と挑戦し、少しずつ成果も現れた。何よりも正副会頭の強い絆が生まれたのが一番の喜びだった。1期目の任期終了が迫ってきた。頃合いを見計らい、私は改めて京才専務に会頭職の満了退任と次期会頭選任の意向を伝えた。

しかしながら、常に想定外の事態は起きる。会議所の業務全般に精通し、女房役を務めてくれた京才専務が重い病に倒れた。余命は3カ月。

京才専務は入退院を繰り返し、ついに職務遂行が不可能となった。退職願を出されてからも会議所の運営を気にかけていた。ある日、京才氏が奥さんを伴い、おぼつかない足取りで理事長室を訪れ、帰り際に京才氏は青白い顔に少しだけ笑顔を浮かべ、私に1通の封筒を差し出した。

理事長室で1人、封を開けた。真っ白な便せんには、彼の思いがつづられていた。達筆だったはずの京才氏の文字があちこちで乱れている。一言が目に飛び込んできた。「榊原会頭に続投していただきたい」

京才氏の思いが痛いぐらいに伝わってきた。自身の代わりとなるような人材を、職員の中から育ててほしいとも訴える。まさしく私あての遺言だった。

気持ちは固まった。京才氏の志を継ごう。会頭職を続け、次の任期で職員を育てながら後任にバトンを渡せる体制を整える。
副会頭らは「専務は会頭の補佐役であり、一から教えるのは大変。他の会議所のように、県などからもらった方が楽では」と進言した。ただ私は、会議所は地域（会員）のための存在であり、その地域に精通した職員を育てたい思いの方が強かった。

2期目、後任の小柳厚専務と二人三脚で歩んだ。私の要求レベルに近付けるため、小柳専務は大変な努力を積まれた。今や他の会議所からも頼りにされるほど中心的な存在となっている。これからの会議所運営はさらに難しい時代を迎える。それでも小柳専務であれば立派に役目を果たすと信じている。

3年前の京才氏との約束は果たせただろうか。半田っ子らしく根っからの「祭り人」だった京才氏。茶目っ気たっぷりの笑顔で、今も空の上から見守ってくれていると感じる。

私たち正副会頭を支えてくれた京才泰直氏（右端）

根っからの「祭り人」だった京才氏

新型コロナに対抗して「はんだ元気創生融資」を開始し、ワクチンの職場接種を推進

２０２０年３月、新型コロナウイルスは半田でも猛威を振るい始めた。名鉄知多半田駅周辺も人々の往来が目に見えて減り、事業者への影響は必至。商工会議所としても座視するわけにはいかなかった。

３月初旬、全会員の２３５０事業者（当時）を対象に「緊急アンケート」を実施した。すると回答した会員の７割以上が「マイナスの影響」と捉えていた。顕著だったのは飲食・宿泊業。９割近くが「すでにマイナスの影響を受けている」とし、消費者により近い業種が深刻なのは明らかだった。

観光都市でもある半田市にとって、飲食・宿泊業は地域の強みの一つ。醸造業を代表する食文化は市民の誇りでもあった。人・モノの移動が制限される社

会環境で、いかに経済を支えていくか。行政とも連携しながら地域全体での対応が不可欠の状況だった。

同年3月27日、半田市役所で記者会見を開いた。商工会議所の呼びかけで半田市、半田信金、知多信金のトップが顔をそろえた。4者が結束し、地域経済を支えていく強い意志を内外に発信するためだ。

地域の事業者に対する経営支援策として、緊急特別融資制度「はんだ元気創生融資」と利子補給制度を設けた。

500万円以内の運転資金を最短3日の審査で貸し出す。商工会議所と行政が折半で利子を補てんし、金利負担は実質0〜0・5％。担保や信用保証も不要。より緊急性が高い飲食・旅館業の中小事業者らを支える。受付期間の9月末までに324件の会員証明を発行し、279件が融資決定された。

資金面以外でも新たな対応策を試みた。依然として感染拡大が続く21年7月、半田市医師会、半田市医師会健康管理センターと協定を結んだ。コロナワクチンの「職場接種」を推進するためだ。

中小零細事業者のワクチン接種は明らかに遅れていた。地域経済の健全化に接種率の向上は必須だが、産業医不在の中小零細は職場接種が難しい。外国籍の従業員も少なくなく、会員からの声はより切実だった。

ワクチンは2万回分を確保した。会場は商工会議所内のホールを充てた。接種初日は600人が訪れたほか、予約枠は最終日まですべて埋まり、中小・零細事業者の早期接種率向上につながった。

会員の事業者が困窮する状況下でこそ、商工会議所の活動の真価が問われる。「伴走型支援」という言葉が会員サービスの常套句のように使われるが、コロナ対応はその重みを改めて測られる局面となった。

ワクチン接種に伴う対話集会には、特別ゲストとして衆議院議員の河野太郎氏、愛知県知事の大村秀章氏も来訪した

コロナの打撃に、全職員へ3万円を支給して、地域を「消費」で応援する

商工会議所の調査でも明らかになったが、新型コロナウイルスの影響は想定した以上に深刻だった。私たちに何ができるか。考え抜いた結果、たどり着いた答えが「消費」での応援だった。

２０２０年４月、契約職員とパートタイムを含む６６０人の全役職員に一律3万円を支給し、これを知多半島内の地元飲食店や宿泊施設、小売店などで期限内に使い切る。もし残した場合には返金してもらう。

ただし、単にお金を使えばいいというものではない。この取り組みのポイントは、支払いの際に必ず「領収書」を求めること。その理由は二つある。

消費先の飲食店や小売店で「知多信用金庫で領収書をください」とお願いす

れば、きっとなぜだろうと思われるだろう。

「地域の事業者の皆さまを応援するため、金庫から一律3万円を支給された。領収書はその使い道を金庫に報告するためです」などと会話が生まれる。

事業者の皆さんには金庫の取り組みが伝わり、かたや役職員にも自分たちの活動の意味が実感できる。仕事から離れた生活の場でも地域金融機関がどうあるべきかを体験することで職員の教育にもつながる。

同年4月に始めた取り組みがもう一つある。半田市内の飲食店が提供するランチメニューをテイクアウトし、お昼を楽しむ「テイクアウトランチ」だ。半田会議所と半田市観光協会が協力し、コロナで打撃を受ける事業者を応援する「テイクアウトランチキャンペーン」の参加店舗にランチを注文する。

第1弾として、本部棟に勤務する役職員を中心にキャンペーン参加の3店舗に100食以上を注文した。ランチ代金の支払いは、一律支給した3万円の中から充てる。活動は評判を呼び、テレビや新聞各社などメディアの取材も受けた。

支給した一律3万円は全職員が使い切り、テイクアウトランチは5月末までに4回実施。市内8店舗に計300食以上を注文した。活動は営業店にも広がり、飲食店から感謝の連絡をいただいたと聞いたときは、私も思わずうれしくなった。

信用金庫の活動の基本は、おなじみの「フェース・トゥ・フェース」だ。対面という最大の強みを奪われた苦しい状況ながら、お弁当一つで職員もお客さまも笑顔になれた。

人・モノ・お金の域内循環が、持続的な地域経済を支える。お金は金額の多少にかかわらず、使い方次第で効力をいかんなく発揮してくれる。その事実を、皮肉なことに私たちを苦しめたコロナ禍から改めて教えられた。

「テイクアウトランチ」でお弁当を楽しむ女性職員ら

大峯千日回峰行を満行した塩沼氏に出会い、私なりの「千日」の挑戦を想う

「大峯千日回峰行」という言葉をお聞きになったことがあるだろうか。1日48キロの山道を16時間かけて年間4カ月、定められた期間（5月3日から9月22日）に、奈良県の吉野山から大峯山まで往復する9年がかりの修行である。いったん行に入ればけがをしようが嵐が来ようが、行を半ばでやめることは許されない。山に入り帰ってくるまでの食事はおにぎり2個とペットボトルの水のみ。万一「これ以上は無理」と判断した場合は短刀で自害して修行を終えなければならない。荒行中の荒行だ。

ある日の午後、理事長時代から懇意にしている尾西信用金庫元理事長の木村孚男氏から電話が入った。「紹介したい人物がいる。なかなか面白い経験の持

ち主で感銘を受けた。一度お会いしてみないか」

その人物こそ、修験道1300年の歴史で、大峯千日回峰行を満行した2人目の阿闍梨、塩沼亮潤氏だった。千日回峰行は大変な行とは知っていた。満行した大阿闍梨に、お目にかかれる機会は生涯でまずないだろう。

「千日回峰行は『千日間行をします』という御仏との約束。破ることはできない」。塩沼氏の言葉は私の心に容赦なく突き刺さった。一度決めたことは極限状態に追い込まれてもやりきる。栄養失調だから、病人だからという甘えは決して許されない。

私たちは、ともすれば追い込まれるほど自分をかばってしまう。だが、かばえばかばうほど精神的に追い詰められる。「追い込まれるほど自分ならできると信じる。信じさえすれば、どんな困難であれ乗り越えられる。常に前向きな姿勢、攻めの姿勢こそ大切ですね」。塩沼氏は和顔愛語をもって説く。

後日、尾西信金の木村氏、中日信金元理事長の山田功氏と4人で一緒に食事する機会も得た。好物は「鯛めし」と塩沼氏の飾らぬ素顔に接し、ますます尊敬の念が深まった。人との出会いは一生に一度のものと心し、誠意を尽くす大切さに改めて気付かされた。

２０２２年10月末、半田商工会議所の会頭を退いた。振り返ると金融マンとして歩んだ半世紀、会頭として全力で駆け抜けた6年。幸せなことに「やり切った実感」はあるが、やり残した後悔は思い出せない。

「今、私は何を求められているのか？」「今、私に何ができるのか？」「今、私は何をすべきか？」

自問自答しながらも仲間の力を借りて事にあたった。私は常に他者によって生かされながらの歩みだった。

塩沼氏には3回お会いした。私には塩沼氏のような達観した境地は訪れないだろう。それでも人は人によって磨かれ、生かされる。出会いに感謝しながら、残された人生で私なりの「千日」の道のりに挑戦していきたい。

塩沼亮潤阿闍梨(中央)、妻の美代子と

一抹の寂しさが。出会いより「離別」が増えてきた

私が実社会に飛び込んで半世紀以上が過ぎた。万を超える人たちとの出会いがあり、その一つ一つが自分を磨いてくれた。

「えっ、この人はいったい何者?」

知多信用金庫に入庫し、最初に配属されたのは駅前支店。支店長は大黒谷一氏だった。「おおぐろ」ではなく「だいこくや」と読む。なぜか一人、怪しげなちょうネクタイを締めている。

大のプロレス好き。プロレス中継がある日、閉店後に計算が合わないと大いに機嫌を損ねた。入庫1年目の私がいつも自宅までの送迎役。正月には営業店の職員全員を自宅に招き、ごちそうしてくれる一面もあった。

大黒谷氏のちょうネクタイ姿は専務に昇格してからも変わらない。自腹で購

入したシュークリームや菓子パンなどを手土産に、いつも営業店を回っていた。ほぼ全ての職員の名前を記憶し、店の全員に声掛けする気配りを見せていた。デール・カーネギーの人に好かれる六つの原則の一つが「名前を覚えること」。大黒谷氏は、駆け出し時代に実社会の厳しさや礼儀を最初にたたき込んでくれた上司だった。

取引先にもずいぶんとお世話になった。乙川支店時代、当金庫総代だった蟹江織布の蟹江正行氏は当時、半田市議会議長や体育協会会長も務めていた。織布について一からご教受いただいたばかりか、地域のご意見番として陰に陽に助けていただいた。はんだ郷土史研究会の会長として、乙川支店の「豊田佐吉翁発明動力織機発祥の地」の碑の建立にも力を注がれた。

蟹江氏との交流は今も続いている。大好物のカステラ持参でご自宅を訪問するたびに教えられる。今後も引き続きご指導を仰ぎたい。

生涯の友に、鈴川織布の間瀬久隆氏（元総代）がいる。間瀬氏とは亀崎支店の支店長時代からのお付き合い。年長のうえ最初は厳しい人と感じたが、関係が深まるにつれて意気投合。「商売抜きで一生の友として付き合いたい」と言われたときは心底感激した。

だが間瀬氏との別れは２０２３年6月、突然やってきた。逝去後、ご子息の間瀬隆行氏から御礼を兼ねた自筆の手紙をいただいた。

間瀬氏の余命は10日だった。私たちが毎月、仲間の集いの場として始めた勉強会「無尽塾」を生きがいにしていたという。苦しい治療に耐えながら1年間も生き抜かれた。その間、私たち仲間にさえ、ただ一度も弱音を吐かず、ご自身の生き様を最後まで貫かれた。

人生の先輩にご指導いただけたことに心からの感謝しかない。ただ、まだまだたくさん話がしたかった。

この年齢になると明らかに
出会いよりも「離別」が増えた。一抹の寂しさを感じる。

亀崎の仲間たちとの楽しいひととき
（後列左端が間瀬氏）

知多半島10市町には叶えたい夢がある。地域貢献に定年はない。

「任期」は企業統治に大きな意味を持つと考える。任期は自らを絶対視しないという点で、意思決定の権限を持つ人間の謙虚さの現れかもしれない。任期というゴールがあるからこそ全力で走り続けることができる。

私はそう考えて金庫の創立90周年を契機に退任し、半田商工会議所も創立130周年を待たずに退いた。

妻との約束で、残りの人生を2人で旅行などを楽しむ予定でいた。しかし商工会議所は顧問、観光協会は相談役としてそれぞれ席を残すことに。日本福祉大学も後援会副会長、付属高校は後援会長を続投している。

昨今は、半田市長の肝いりで設けられた「半田市産業振興会議」の委員長も拝命した。地域の課題解決を見据えた未来図を市民の皆さんで描くためだ。併せて商工会議所元副会頭の神谷鉄工の神谷義尚氏らが主催する「10年後の半田を考える会」でも地域の未来像を語り合っている。妻は「本当に定年したの」とあきれるが、私には「何もしなければ道に迷わないが、何もしなければ石になる」という思いが常にくすぶっている。座して死を待つならば行動を選ぶ。

かつて「平成の大合併」と呼ばれた時代、全国で市町村の合併が相次いだ。狭い半島に10市町が身を寄せ合う知多地域でも複数の合併案が試みられたが実現には至らなかった。当時の知多半島は相応の豊かさを享受し、必要性に迫られていなかったからであろう。何よりも半島という狭隘《きょうあい》の地ながら、10市町の人たちはそれぞれの地域に根を張り、誇りを持って生きている。行政の号令一つで地域の心が安易に動くものでもない。

半田市もかつてまちを二分する激しい政争の時代があった。それは郷土を愛する市民の熱量のぶつかり合いであり、「はんだ山車まつり」のような実現不可能と言われた大事業を成し遂げる強力な推進力にもなった。華やかに山車を彩る真紅の大幕は祭り人の情熱を伝え、一つになった半田の象徴でもある。

半田の未来図は市民自身の手に委ねられている。これからの半田をどのような色で染め上げるかは市民自身が決めることだ。地域のかじ取り役を担う首長の決断力にも期待している。

令和の今日、私たちは地域の存続が危ぶまれるような数々の困難な課題に直面している。それでも知多半島10市町には叶えたい夢、描きたいそれぞれの色があるはずだ。たとえ道に迷っても石になってはならない。

これからも私は半田の一市民として生きていく。家族との時間を大切にしつつ、地域への協力も惜しまない。組織の役職には任期は必要だが、地域貢献に定年はないのだから。

半田市の久世孝宏市長と

最後に

ちたしん創立100周年は次の100年のスタート。挑戦の年輪を重ねよう

遡ること135年前の明治21年、知多郡小鈴谷村（現在の常滑市）に、いまや伝説となった「鈴渓義塾」が開校した。

ソニー創業の盛田家による私塾だ。19年間の開校期間、トヨタ自動車中興の祖の石田退三氏、敷島製パン創業の盛田善平氏ら多くの著名な卒業生を輩出し、その挑戦の気風は知多半島から全国へ広がった。

私は元来、そこまで挑戦的な人間ではないが、信用金庫や商工会議所のトッ

プまで務め上げるに至った。それは数多の出会いから学び、人との切磋琢磨《せっさたくま》で徹底的に鍛え上げられてきたからだ。決して1人では成しえなかった。

私が連載のテーマに「人は人で磨かれる」を選んだのはその意味も込めた。人間はよほどの体験でもない限り、単独で成長の機会を得るのは難しい。私を含め誰もが生かされているからこそ、いまそれぞれの場所にいる。

金庫は2027年9月、創立100周年を迎える。いま一度、伊那食品工業の塚越寛氏の言葉をお借りすれば、役職員一人一人の足跡が金庫の「年輪」となる。1世紀にわたりどれほどの諸先輩が年輪を刻んできたのだろうか。私もその1人としてわずかながらでも年輪を刻めただろうか。

ある人は「お金（資金）」という年輪を残し、ある人は「仕事（取引）」という年輪を残した。私は「人（人材）」という年輪を残すべく奮闘した。企業の年輪をつなぐのは人だからだ。

100周年は大きな節目となる。ただ100周年は終焉《しゅうえん》ではないし、むしろ次の100年への挑戦権を得る始祖の地ともいえる。挑戦の気概を備えた人材を一人でも多く育てる。挑戦をなくして年輪の積み重ねもありえない。

最後に「不易流行」という言葉をお伝えしたい。「不易」とは永遠に変わらないもの、「流行」とは時代の変化に合わせて変わっていくもののこと。諸行無常は世の中の常だ。しかし人が人たる原理原則はいつの時代も変わらない。守るべきもの、変えるべきもの、そして加えるべきものを自らで判断し、挑戦を続けることが明日への道を切り開く。

地域に貢献できない地域金融機関に存在意義はない。これは変わらない信用金庫の原点だ。私たちが道のりを誤りさえしなければ、知多半島の青い空と海は100年後も変わらず、穏やかに地域に寄り添い、力強く私たちを支えてくれるだろう。

創業来、数多の役職員が金庫の年輪を刻んできた（1969年、有馬温泉にて）最前列右から２人目は初代理事長の榊原清三

あとがき

「ありがとう」

日本語の中で一番美しい言葉だと思う。77年間の人生で、この言葉を何千回、何万回使える場面があっただろうか。1日に最低1回使ったとして2万8105回以上。「ありがとう」と何度伝えられるかが、人生の「幸せ指数」の一つになるのかもしれない。

振り返れば数多の人との出会いで徹底的に磨き込まれ、本来は器ではないはずの私が理事長、会長、さらに商工会議所の会頭まで務めさせていただいた。もはや「ありがとう」しかない。

ありがとうは「魔法の言葉」だ。感謝の気持ちをエネルギーに変換してくれる。人生最後の場面もこの言葉で締めくくれたのならば、どんなに幸せだろうか。

私はこの本のタイトルを「2万8105回以上のありがとう」とした。やはり人生山もあれば谷もある。人よりも少しばかり振幅の激しい生涯だったのかもしれない。

しかしありがとうと言いながら、ひたすら毎日を懸命に過ごしてきた。その積み重ねが現在の在り様となっているのに過ぎない。そんな私の本懐を申し述べたかった。

しかしながらきちんと真意を伝えられたどうか。筆の至らなさに、今さらながら内心忸怩《じくじ》たる思いではある。

この本を仕上げるのにあたり、中部経済新聞社の関係者の皆さんをはじめ、中京医薬品会長の山田正行氏、資料の洗い直しや執筆作業を助けていただいた知多信用金庫総務部の杉浦之雄氏、そして小島圭司氏に謝意を伝えたい。

このあとがきを執筆中の令和6年元日、妻の故郷である能登半島がまさかの二度目の震災に見舞われた。実家の建物は被災したが、幸いにも親族一同の無事を確認した。

発災時、多くの方々から安否を気遣うご連絡をいただいた。この場を借りて改めて御礼申し上げたい。

ただ、元日という至福のひとときに、かけがえのない生命を奪われるこの過酷な現実に、人間はなんと無力なのだろう。

私たち一人ひとりがもう一段階危機意識を高め、家族を、友人を、そして地域を守るためのリスクヘッジ社会を、改めて再構築する転機が訪れているのかもしれない。

知多半島で産声を上げた知多信用金庫は、３年後に１００周年を迎える。私の人生のさらにその先を歩み、知多半島の青い海と空のごとく、限りなく広がる未来を見据えようとしている。

その先の物語は後進に託し、私はここで筆を置きたい。感謝。

２０２４年9月吉日

筆　者

＊本書は中部経済新聞に令和5年7月1日から同年8月31日まで51回にわたって連載された『マイウェイ』を改題し、新書化にあたり加筆修正しました。

榊原 康弘（さかきばら・やすひろ）

1947（昭和22）年生まれ。愛知学院大学を卒業後、1969（昭和44）年３月に知多信用金庫へ入庫。本支店、人事、業務推進、融資部を経て2009（平成21）年６月に理事長。16年11月、半田商工会議所会頭に就任。17年６月、同金庫会長。21（令和３）年６月、同特別顧問。22年10月、半田商工会議所会頭を退任し、顧問に就任。半田市出身。

中経マイウェイ新書 060
2万8105回以上のありがとう
2024年10月15日　初版第1刷発行

著者　榊原 康弘

発行者　恒成 秀洋　発行所　中部経済新聞社

名古屋市中村区名駅4-4-10　〒450-8561
電話　052-561-5675（事業部）

印刷所　西川コミュニケーションズ株式会社
製本所　株式会社渋谷文泉閣

ISBN978-4-88520-248-3